我的精神家园。

王小波 著

长江出版传媒 | 长江文艺出版社

新出图证（鄂）字03号
图书在版编目（CIP）数据

我的精神家园／王小波著. -- 武汉：长江文艺出版社，2013.6（2015.8重印）
ISBN 978-7-5354-6423-1

Ⅰ.①我… Ⅱ.①王… Ⅲ.①中篇小说—小说集—中国—当代 Ⅳ.①I267.1

中国版本图书馆CIP数据核字（2013）第026136号

图书监制：王　平　吴　双
策　　划：马志明　胡　家
特约策划：唐建福
责任编辑：武春玲
封面设计：壹诺设计
责任校对：胡　家
责任印制：张　涛

出版：长江出版传媒｜长江文艺出版社
地址：武汉市雄楚大街268号　　邮编：430070
发行：长江文艺出版社
北京时代华语图书股份有限公司　（电话：010-83670231）
http：//www.cjlap.com
印刷：北京鹏润伟业印刷有限公司

开本：880毫米 ×1230毫米　1/32　　印张：6.375
版次：2013年6月第1版　　2015年8月第2次印刷
字数：100千字

定价：36.00元

目 录

CONTENTS

目 录

CONTENTS

目 录

CONTENTS

序　言

年轻时读萧伯纳的剧本《巴巴拉少校》，有场戏给我留下了深刻的印象：工业巨头安德谢夫老爷子见到了多年不见的儿子斯泰芬，问他对做什么有兴趣。这个年轻人在科学、文艺、法律等一切方面一无所长，但他说自己有一项长处：会明辨是非。老爷子把自己的儿子暴损了一通，说这件事难倒了一切科学家、政治家、哲学家，怎么你什么都不会，就会一个明辨是非？我看到这段文章时只有二十来岁，登时痛下决心，说这辈子我干什么都可以，就是不能做一个一无所能，就能明辨是非的人。因为这个原故，我成了沉默的大多数的一员。我年轻时所见的人，只掌握了一些粗浅（且不说是荒谬）的原则，就以为无所不知，对世界妄加判断，结果整个世界都深受其害。直到我年登不惑，才明白萧翁的见解原有偏颇之处；但这是后话——无论如何，萧翁的这些议论，对那些浅薄之辈、狂妄之辈，总是一种解毒剂。

萧翁说明辨是非难，是因为这些是非都在伦理的领域之内。俗话说得好，此人之肉，彼人之毒；一件对此人有利的事，难免会伤害另一个人。真正的君子知道，自己的见解受所处环境左右，未必是公平的，所以他觉得明辨是非是难的。倘若某人以为自己是社会的精英，以为自己的见解一定对，虽然有狂妄之嫌，但他会觉得明辨是非很容易。明了萧翁这重意思以后，我很以做明辨是非的专家为耻——但这已经是二十年前的事了。当时我是年轻人，觉得能洁身自好，不去害别人就可以了。现在我是中年人——一个社会里，中年人要负很重的责任：要对社会负责，要对年轻人负责，不能只顾自己。因为这个原故，我开始写杂文。现在奉献给读者的这本杂文集，篇篇都在明辨是非，而且都在打我自己的嘴。

伦理问题虽难，但却不是不能讨论。罗素先生云，真正的伦理原则把人人同等看待。考虑伦理问题时，想替每个人都想一遍是不可能的事，但你可以说，这是我的一得之见，然后说出自己的意见，把是非交付公论。讨论伦理问题时也可以保持良心的清白——这是我最近的体会，但不是我打破沉默的动机。假设有一个领域，谦虚的人、明理的人以为它太困难、太暧昧，不肯说话，那么开口说话的就必然是浅薄之徒、狂妄之辈。这导致一种负筛选：越是傻子越敢叫唤——马上我就要说到，这些傻子也不见得是真的傻，但喊出来的都是傻话。久而久之，对中国人的名声也有很大的损害。前些时见到个外国人，他说：听说你们中国人都在说“不”？这简直是把我们都当傻子看待。我很不客气地答道：物以类聚，人以群分。你认识的中国人都说“不”，但我不认识这样的人。这倒不是唬外国人，我认识很多明理的人，但他们都在沉默中，因为他们都珍视自己的清白。但我以为，伦理问题太过重要，已经不容我顾及自身的清白。

伦理（尤其是社会伦理）问题的重要，在于它是大家的事——大家的意思就是包括我在内。我在这个领域里有话要说，首先就是：我要反对愚蠢。一个只会明辨是非的人总是凭胸中的浩然正气做出一个判断，然后加上一句：难道这不是不言而喻的吗？任何受过一点科学训练的人都知道，这世界上简直找不到什么不言而喻的事，所以这就叫做愚蠢。在我们这个国家里，傻有时能成为一种威慑。假如乡下一位农妇养了五个傻儿子，既不会讲理，又不懂王法，就会和人打架，这家人就能得点便宜。聪明人也能看到这种便宜，而且装傻谁不会呢——所以装傻就成为一种风气。我也可以写装傻的文章，不只是可以，我是写过的——"文革"里谁没写过批判稿呢。但装傻是要不得的，装开了头就不好收拾，只好装到底，最后弄假成真。我知道一个例子是这样的：某人"文革"里装傻写批判稿，原本是想搞点小好处，谁知一不小心上了《人民日报》头版头条，成了风云人物。到了这一步，我也不知他是真傻假傻了。再以后就被人整成了"三种人"。到了这个地步，就只好装下去了，真傻犯错误处理还能轻些呀。

我反对愚蠢，不是反对天生就笨的人，这种人只是极少数，而且这种人还盼着变聪明。在这个世界上，大多数愚蠢里都含有假装和弄假成真的成分，但这一点并不是我的发现，是萧伯纳告诉我的。在他的《匹克梅梁》里，息金斯教授遇上了一个假痴不癫的杜特立尔先生。息教授问：你是恶棍还是傻瓜？这就是问：你假傻真傻？杜先生答：两样都有点，先生，凡人两样都得有点呀。在我身上，后者的成分多，前者的成分少；而且我讨厌装傻，渴望变聪明。所以我才会写这本书。

在社会伦理的领域里我还想反对无趣，也就是说，要反对庄严肃穆的假正经。据我的考察，在一个宽松的社会里，人们可以收获到优雅，收获到精雕细琢的浪漫；在一个呆板的社会里，人们可以收获到幽默——起码是黑色的幽默。就是在我呆的这个社会里，什么都收获不到，这可是件让人吃惊的事情。看过但丁《神曲》的人就会知道，对人来说，刀山剑树火海油锅都不算严酷，最严酷的是寒冰地狱，把人冻在那里一动都不能动。假如一个社会的宗旨就是反对有趣，那它比寒冰地狱又有不如。在这个领域里发议论的人总是在说：这个不宜提倡，那个不宜提倡。仿佛人活着就是为了被提倡。要真是这样，就不如不活。罗素先生说，参差多态乃是幸福的本源——弟兄姐妹们，让我们睁开眼睛往周围看看，所谓的参差多态，它在哪里呢。

在萧翁的《巴巴拉少校》中，安德谢夫家族的每一代都要留下一句至理名言。那些话都编得很有意思，其中有一句是：人人有权争胜负，无人有权论是非。这话也很有意思，但它是句玩笑。实际上，人只要争得了论是非的权力，他已经不战而胜了。我对自己的要求很低：我活在世上，无非想要明白些道理，遇见些有趣的事。倘能如我所愿，我的一生就算成功。为此也要去论是非，否则道理不给你明白，有趣的事也不让你遇到。我开始得太晚了，很可能做不成什么，但我总得申明我的态度，所以就有了这本书——为我自己，也代表沉默的大多数。

王小波

1997 年 3 月 20 日

我的精神家园

我十三岁时，常到我爸爸的书柜里偷书看。那时候政治气氛紧张，他把所有不宜摆在外面的书都锁了起来，在那个柜子里，有奥维德的《变形记》，朱生豪译的莎翁戏剧，甚至还有《十日谈》。柜子是锁着的，但我哥哥有捅开它的方法。他还有说服我去火中取栗的办法：你小，身体也单薄，我看爸爸不好意思揍你。但实际上，在揍我这个问题上，我爸爸显得不够绅士派，我的手脚也不太灵活，总给他这种机会。总而言之，偷出书来两人看，挨揍则是我一人挨，就这样看了一些书。虽然很吃亏，但我也不后悔。

看过了《变形记》，我对古希腊着了迷。我哥哥还告诉我说：古希腊有一种哲人，穿着宽松的袍子走来走去。有一天，有一位哲人去看朋友，见他不在，就要过一块涂蜡的木板，在上面随意挥洒，画了一条曲线，交给朋友的家人，自己回家去了。那位朋友回家，看到那块木板，为曲线的优美所折服，连忙埋伏在哲人家附近，待他出门时闯进去，要过一块木板，精心画上一条曲线……当然，这故事下余的部分就很容易猜了：哲人回了家，看到朋友留下的木板，又取一块蜡版，把自己的全部心胸画在一条曲线里，送给朋友去看，使他真正折服。现在我想，这个故事是我哥哥编的。但当时我还认真地想了一阵，终于傻呵呵地说道：这多好啊。时隔三十年回想起来，我并不羞愧。井底之蛙也拥有一片天空，十三岁的孩子也可以有一片精神家园。此外，人有兄长是好的。虽然我对国家的计划生育政策也无异议。

长大以后，我才知道科学和艺术是怎样的事业。我哥哥后来是已故逻辑大师沈有鼎先生的弟子，我则学了理科；还在一起讲过真伪之分的心得、对热力学的体会，但这已是我二十多岁时的事。再大一些，我到国外去旅行，在剑桥看到过使牛顿体会到万有引力的苹果树，拜伦拐着腿跳下去游水的“拜伦塘”，但我总在回想幼时遥望人类智慧星空时的情景。千万丈的大厦总要有片奠基石，最初的爱好无可替代。所有的智者、诗人，也许都体验过儿童对着星光感悟的一瞬。我总觉得，这种爱好对一个人来说，就如性爱一样，是不可少的。

我时常回到童年，用一片童心来思考问题，很多烦难的问题就变得易解。人活着当然要做一番事业，而且是人文的事业，就如有一条路要走，假如是有位老学究式的人物，手执教鞭戒尺打着你走，那就不是走一条路，而是背一本宗谱。我听说苏联就是这么教小孩子的：要背全本的普希金、半本莱蒙托夫，还要记住俄罗斯是大象的故乡（肖斯塔科维奇在回忆录里说了很多）。我们这里是怎样教孩子的，我就不说了，以免得罪师长。我很怀疑会背宗谱就算有了精神家园，但我也不想说服谁。安徒生写过《光荣的荆棘路》，他说人文的事业就是一片着火的荆棘，智者仁人就在火里走着。当然，他是把尘世的嚣嚣都考虑在内了，我觉得用不着想那么多。用宁静的童心来看，这条路是这样的：它在两条竹篱笆之中。篱笆上开满了紫色的牵牛花，在每个花蕊上，都落了一只蓝蜻蜓。这样说固然有煽情之嫌，但想要说服安徒生，就要用这样的语言。维特根斯坦临终时说：告诉他们，我度过了美好的一生。这句话给人的感觉就是：他从牵牛花丛中走过来了。虽然我对他的事业一窍不通，但我觉得他和我是一头儿的。

我不大能领会下列说法的深奥之处：要重建精神家园，恢复人文精神，就要灭掉一切俗人——其中首先要灭的，就是风头正健的俗人。假如说，读者兜里的钱是有数的，买了别人的书，就没钱来买我的书，所以要灭掉别人，这个我倒能理解，但上述说法不见得有如此之深奥。假如真有这么深奥，我也不赞成——我们应该像商人一样，严守诚实原则，反对不正当的竞争。让我的想法和作品成为嚣嚣尘世上的正宗，这个念头我没有，也不敢有。既然如此，就必须解释我写文章（包括这篇文章）的动机。坦白地说，我也解释不大清楚，只能说，假如我今天死掉，恐怕就不能像维特根斯坦一样说到，我度过了美好的一生；也不能像司汤达一样说，活过，爱过，写过。我很怕落到什么都说不出的结果，所以正在努力工作。

本篇最初发表于 1995 年 11 月 30 日《北京青年报》。

关于“媚雅”

前不久在报纸上看到一篇文章，谈到有关“媚俗”与“媚雅”的问题。作者认为，米兰·昆德拉用出来一个词儿，叫做“媚俗”，是指艺术家为了取悦大众，放弃了艺术的格调。他还说，我们国内有些小玩闹造出个新词“媚雅”，简直不知是什么意思。这个词的意思我倒知道，是指大众受到某些人的蛊惑或者误导，一味追求艺术的格调，也不问问自己是不是消受得了。在这方面我有些经验，都与欣赏音乐有关。高雅音乐格调很高，大概没有疑问。我自己在音乐方面品位很低，乡村音乐还能听得住，再高就受不了。

大约十年前，我在美国，有一次到波士顿去看个朋友。当时正是盛夏，为了躲塞车，我天不亮就驾车出发，天傍黑时到，找到了朋友，此时他正要出门。他说，离他家不远有个教堂，每晚里面都有免费的高雅音乐会，让我陪他去听。说实在的，我不想去，就推托道：听高雅音乐要西装革履、正襟危坐，我开了一天的车，疲惫不堪，就算了吧。但是他说，这个音乐会比较随便，属大学音乐系师生排演的性质。你进去以后只要不打瞌睡、不中途退场就可。我就去了，到了门口才知道是演奏布鲁克纳的两首交响曲。我的朋友还拉我在第一排正中就座，听这两首曲子——在这里坐着，连打呵欠的机会都没有了。我觉得这两首曲子没咸没淡、没油没盐，演奏员在胡吹、胡拉，指挥先生在胡比画，整个感觉和晕船相仿。天可怜见，我开了十几个小时的车，坐在又热又闷的教堂里，只要头沾着点东西，马上就能睡着，但还强撑着，把眼睛瞪得滚圆，从七点撑到了九点半！中间有一段我真恨不能一头碰死算了……布鲁克纳那厮这两首鸟曲，真是没劲透了！

如前所述，我在古典音乐方面没有修养，所以没有发言权。可能人家布鲁克纳音乐的春风是好的，不入我这俗人的驴耳。但我总觉得，就算是高雅的艺术，也有功力、水平之分，不可以一概而论。总不能一入了高雅的门槛就是无条件的好——如此立论，就是媚雅了。人可以抱定了媚雅的态度，但你的感官马上就有不同意见，给你些罪受……

下一个例子我比较有把握——不是我俗，而是表演高雅音乐的人水平低所致。这回是听巴赫的合唱曲，对曲子我没有意见，这可不是崇拜巴赫的大名，是我自己听出来的。这回我对合唱队有点意见。此事的起因是我老婆教了个中文班，班上有个学生是匹兹堡市业余乐团的圆号手，邀我们去听彩排，我们就去了。虽不是正式演出，作为观众却不能马虎，因为根本就没有几个观众。所以我认真打扮起来——穿上三件套的西服。那件衣服的马甲有点瘦，但我老婆说，瘦衣服穿起来精神，所以我把吃牛肉吃胀的肚腩强箍了下去，导致自己的横膈膜上升了一寸，有点透不过气来。就这样来到音乐学院的小礼堂，在前排正中入座。等到幕启，见到合唱队，我就觉得出了误会：合唱队正中站了一位极熟的老太太。我在好几门课里和她同学——此人没有八十，也有七十五，我记得她是受了美国政府一项“老年人重返课堂”项目的资助，书念得不好，但教授总让她及格，我对此倒也没有什么意见。看来她又在音乐系混了一门课，和同学一起来演唱。很不幸的是，人老了，念书的器官会退化，歌唱的器官更会退化，这歌大概也唱不好。但既然来了，就冲这位熟识的老人，也得把这个音乐会听好——我们是有这种媚雅的决心的。说句良心话，业余乐团的水平是可以的，起码没走调，合唱队里领唱的先生水平也很高。及至轮到女声部开唱，那位熟识的老太太按西洋唱法的要求把嘴张圆，放声高歌“亚美路亚”，才半声，眼见得她的假牙就从口中飞了出来，在空中一张一合，作要咬人状，飞过了乐池，飞过我们头顶，落向脑后第三排，耳听得“亚美路亚”变成了一声“噗”！在此庄重的场合，唱着颂圣的歌曲，虽然没假牙口不关风，老太太也不便立即退场，瘪着嘴假作歌唱，其状十分古怪……请相信，我坐在那里很严肃地把这一幕听完了，才微笑着鼓掌。所有狂野粗俗的笑都被我咽到肚子里，结果把内脏都震成了碎片。此后三个月，经常咳出一片肺或是一片肝。但因为当时年轻，身体好，居然也没死。笔者行文至此，就拟结束。我的结论是：媚雅这件事是有的，而且对俗人来说，有更大的害处。

本篇最初发表于 1996 年第 2 期《三联生活周刊》杂志。

长虫·草帽·细高挑

近来买了本新出的《哈克贝利·费恩险记》。这本书我小时候很爱看，现在这本是新译的——众所周知，新译的书总是没有老版本好。不过新版本也不是全无长处，篇首多了一篇吐温瞎编的兵工署长通告，而老版本把它删了。通告里说：如有人胆敢在本书里寻找什么结构、道德寓意等等，一律逮捕、流放，乃至枪毙。马克·吐温胆子不小，要是现在国内哪位作家胆敢仿此通告一番：如有人敢在我的书里寻找文化源流或可供解构的东西，一律把他逮捕、流放、枪毙，我看他会第一个被枪毙。现在各种哲学，甚至是文化人类学的观点，都浩浩荡荡杀入了文学的领域。作家都成了文化批评的对象，或者说，成了老太太的尿盆——挨呲儿的货。连他们自己都从哲学或人类学上给自己找写作的依据，看起来着实可怜，这就叫人想起了电影《霸王别姬》里张丰毅演的角色，屁股上挨了板子，还要说：打得好，师傅保重。哲学家说，存在的就是合理的。一种情形既然出现了，就必然有它的原因；再说，批评也是为了作家好。但我现在靠写作为生，见了这种情形，总觉得憋气。

我家乡有句歇后语：长虫戴草帽——混充细高挑。老家人以为细高挑是种极美丽的身材，连长虫也来冒充。文化批评就是揭去作家头上的草帽，使他们暴露出爬行动物的本色。所谓文学是不存在的，存在的只有文化——这是一种特殊的混沌，大家带着各种丑恶的心态生活在其中。这些心态总要流露出来，这种流露就是写作——假如这种指责是成立的，作家们就一点正经的都没有，是帮混混。我不敢说自己是作家，也不认识几个作家，没理由为作家叫屈。说实在的，按学历我该站在批评的一方，而不是站在受批评的一方。但若说文学事业的根基——写作——是这样一种东西，我还是不能同意。

过去我是学理科的。按照 C. P. 格林的观点，正如文学是文学家的文化，科学也是科学家的文化。对科学的文化批评尚未兴起，而且我不认为它有可能兴起。但这不是说没人想要批评科学。人文学者，尤其是哲学家，总想拿数学、物理说事，给它们若干指导。说归说，数学家、物理学家总是不理，说得实在外行时，就拿它当个笑话讲。我当研究生时，有位著名的女人类学家对统计学提出了批评，说没必要搞得这么复杂、高深。很显然，这位女士想要“解构”数学的这一分支。上课之前老师把这批评给大家念了念，师生一起捧腹大笑，其乐也融融——但文学家很少有这种欢笑的机会。数学家笑，是因为假如一个人不演算，也不做公式推导，哪怕你后现代哲学懂得再多，也没有理由对数学说三道四；但这句话文学家就不敢说。同样是文化，怎么会有这种不同的境遇呢？这原因大家恐怕都想到了：文学好像人人都懂，而数学，则远不是人人都懂的。

罗素先生说得好：人人理应平等，实际上却远不是这样——特别是人与人有知识的差别。这一点在大学里看得最明白：搞科学哲学的教授，尽管名声很大，实际上见了学物理的研究生都要巴结，而物理学家见了数学家，气焰也要减几分，因为就连爱因斯坦都有求职业数学家帮忙的时候。说起一门学问，我会你不会，咱俩就没法平等。看起来，作家们必须从反面理解这种差别：他要巴结的不仅是文艺批评家、文艺理论家，还有哲学家、人类学家、社会学家，甚至要包括每一个文科毕业的学生——只要该学生不是个作家，因为不管谁说出句话来，你听不懂，就只好撅屁股挨打，打你的人火气还特大。我总觉得这事有点不对头。假如挨两下能换来学问，也算挨得值，但就怕碰上蒙事、打几下便宜手的人。我知道一句话，估计除了德宏州的景颇人谁也听不懂：呜！阿靠！卡路来？似乎批评家要想知道意思也得让我打两下，但我没这么坏，不打人也肯把意思说出来，这话是我插队时学来的，意思是：喂，大哥，上哪儿去呀？就凭一句别人听不懂的景颇话打人，我也未免太心黑了一点——那也没有凭几句哲学咒符打人黑。

文化批评还不全是"呜阿靠卡路来"。它有很大的正面意义，其中最重要的是可以鼓舞作家自爱、自强、自重。一种跨学科的统治一切的欲望，像幽灵一样四处游荡——可怎么偏偏是你遇上了这个鬼？俗话说，老太太买柿子——拣软的捏。但一枚柿子不能怪人家来捏你，要反省自己为什么被捏。对罗素先生的话也可以做适度的推广：人与人不独有知识的差异，还有能力的差异——我的意思是说，写作一道，虽没有很深的学问，也远不是人人都会。作家可以在两个方面表现这种差异：其一是文体，傅雷、汝龙、王道乾，这些优秀翻译家都是文体大师。谁要想解构就去解好了，反正那样的文章你写不出来。其二是想象力，像卡尔维诺的《我们的祖先》、尤瑟纳尔的《东方奇观》，里面充满了天外飞龙般的想象力，这可是个硬指标，而且和哲学、人类学、社会学都不搭界。捏不动的硬柿子还有一些，比方说，马克·吐温的幽默。在所有的柿子里，最硬的是莎翁，从文字到故事都无与伦比。当然，搞文化批评的人早就向莎翁开战了，说他的《驯悍记》是男性中心主义的作品。说这个没用，他老人家是人，又没学会喝风屙烟，编几个小剧本到小剧场里搞搞笑，赚几个小钱，这又有什么。再说，人家还有四大悲剧哩——你敢挑四大悲剧的毛病吗？我现在靠写作为生，写上一辈子，总得写出些让别人解构不了的东西。我也不敢期望过高，写到有几分像莎翁就行了。到那时谁想摘我的草帽，就让他摘好了：不摘草帽是个细高挑，摘了还是个细高挑……

卡拉 OK 和驴鸣镇

有一次，愁容骑士堂·吉诃德和他忠实的侍从桑丘·潘萨走在路上，遇到一伙手持刀杖去打冤家的乡下人。这位高尚的骑士问乡下人为什么要厮杀，听到了这么一个故事：在一个镇子上，住了两个朋友。有一天，其中一位走失了一条驴子，就找朋友帮忙。他们进山去找，那位帮忙的朋友说：山这么大，怎么找呢。我有一样不登大雅之堂的雕虫小技，假如你也会一点，事情就好办了。失驴的朋友说：这是怎样的技巧呢？那位帮忙者说他会学驴叫。假如失驴者也会，大家就可以分头学着驴叫在山上巡游，那迷途的驴子听到同类的呼唤，肯定会走出来和他们会合。那失驴者答道：好计策！至于学驴叫，我岂止是会一点，简直是很精通啊！让我们依计而行吧。于是，两位朋友分头走进了山间小道，整个荒山上响起了阵阵驴鸣……

我住的这座楼隔音很坏，住户中有不少人买了卡拉 OK 机器，从早唱到晚。黑更半夜，我躺在床上听到 OK 之声，一面把脑袋往被窝里扎，一面就想起了这个故事——且听我把故事讲完：这两位朋友分头去寻驴，在林子深处相会了。失驴的朋友说：怎么，竟是你吗？我是不轻易恭维人的，但我要说，仅从声音上判断，你和一头驴子是没有任何区别的……那帮忙者答道：朋友，同样的话我正要用来说你！你的声音很洪亮，音度很坚强，节奏很准确。在我的长项上，我从不佩服任何人的，但我对你要五体投地，俯首称臣了！——这也正是笔者的感触。你可以去查七八年人民大学新生的体检记录，我的肺活量在两千人里排第一，可以长嚎一分钟不换气，引得全校的人都想掐死我；但总想在半夜敲邻居的门，告诉他，在嚎叫方面我对他已是五体投地——现在言归正传，那失驴者听到赞誉之后说：以前，我以为自己是个一无所长的人，现在听了你的赞誉，再不敢妄自菲薄，我也是有一技之长的人了……后来，这两位朋友又去寻驴，每次都把对方当成驴，聚在了一起。最后，总算是找到了，这可怜的畜生被狼吃得只剩些残余。那帮忙的朋友说：我说它怎么不答应！就算它死了，只要是完整的，听了你的召唤，也一定会起来回答。而那失驴的朋友却说：虽然失了驴，但也发现了自己的才能，我很开心！于是，这两个朋友下山去，把这故事告诉路人，不想给本镇招来了“驴鸣镇”的恶名——隐含的意思就是镇上全是驴。故事开始时见到的那伙人，就是因为被人称为驴鸣镇人，而去拼命。如前所述，我觉得自己住在驴鸣楼里，但不想为此和人拼命。

我总想提醒大家一句，人在歌唱时听不到自己的声音。在卡拉 OK 时，面对五彩画面觉得挺美时，也许发出的全不类人声。茶余酒后，想过把歌星瘾时，也可以唱唱。但干这种勾当，最好在歌厅酒楼等吵不着人的地方。就是嗓子好，也请把嗓门放低些，留点余地——别给餐厅留下“驴鸣餐厅”的恶名。

本篇最初发表于 1996 年第 5 期《演艺圈》杂志。

从 Internet 说起

我的电脑还没联网，也想过要和 Internet（因特网）联上。据说，网上黄毒泛滥，还有些反动的东西在传播，这些说法把我吓住了。前些时候有人建议对网络加以限制，我很赞成。说实在的，哪能容许信息自由地传播。但假如我对这件事还有点了解，我要说：除了一剪子剪掉，没有什么限制的方法。那东西太快，太邪门了。现代社会信息爆炸，想要审查太困难，不如禁止方便。假如我做生意，或者搞科技，没有网络会有些困难。但我何必为商人、工程师们操心？在信息高速网上，海量的信息在流动。但是我，一个爬格子的，不知道它们也能行。所以，把 Internet 剪掉吧，省得我听了心烦。

Internet 是传输信息的工具。还有处理信息的工具，就是各种个人电脑。你想想看，没有电脑，有网也接不上。再说，磁盘、光盘也足以贩黄。必须禁掉电脑，这才是治本。这回我可有点舍不得——大约十年前，我就买了一台个人电脑。到现在换到了第五台。花钱不说，还下了很多工夫，现在用的软件都是我自己写的。我用它写文章，做科学工作——算题，做统计，顺便说一句，用电脑来做统计是种幸福，没有电脑，统计工作是种巨大的痛苦。但是它不学好，贩起黄毒来了，这可是它自己作死，别人救不了它。看在十年老交情上，我为它说几句好话：早期的电脑是无害的。那种空调机似的庞然大物算起题来嘎嘎作响，没有能力演示黄毒。后来的486、586才是有罪的：这些机器硬件能力突飞猛进，既能干好事，也能干坏事，把它禁了吧……但现在要买过时的电脑，不一定能买到。为此，可以要求IBM给我们重开生产线，制造早期的PC机。洋鬼子听了瞪眼，说：你们是不是有毛病？回答应该是：我们没毛病，你才有毛病——但要防止他把我们的商务代表送进疯人院。当然，如果决定了禁掉一切电脑，我也能对付。我可以用纸笔写作，要算统计时就打算盘。不会打算盘的可以捡冰棍棍儿计数——满地捡棍儿是有点难看，但是——谢天谢地，我现在很少做统计了。

除了电脑，电影电视也在散布不良信息。在这方面，我的态度是坚定的：我赞成严加管理。首先，外国的影视作品与国情不符，应该通通禁掉。其次，国内的影视从业人员良莠不齐，做出的作品也多有不好的……我是写小说的，与影视无缘，只不过是挣点小钱。王朔、冯小刚，还有大批的影星们，学历都不如我，搞出的东西我也看不入眼，但他们可都发大财了。应该严格审查——话又说回来，把Internet上的通讯逐页看过才放行，这是办不到的；一百二十集的连续剧从头看到尾也不大容易。倒不如通通禁掉算了。“文化大革命”十年，只看八个样板戏不也活过来了嘛。我可不像年轻人，声、光、电、影一样都少不了。我有本书看看就行了。说来说去，我把流行音乐漏掉了。这种乌七八糟的东西，应该首先禁掉。年轻人没有事，可以多搞些体育锻炼，既陶冶了性情，又锻炼了身体……

这样禁来禁去，总有一天禁到我身上。我的小说内容健康，但让我逐行说明每一句都是良好的信息，我也做不到。再说，到那时我已经吓傻了，哪有精神给自己辩护。电影电视都能禁，为什么不能禁小说？我们爱读书，还有不识字的人呢，他们准赞成禁书。好吧，我不写作了，到车站上去扛大包。我的身体很好，能当搬运工。别的作家未必扛得动大包……

我赞成对生活空间加以压缩，只要压不到我；但压来压去，结果却出乎我的想象。海明威在《钟为谁鸣》里说过这个意思：所有的人是一个整体，别人的不幸就是你的不幸。所以，不要以为丧钟是为谁而鸣——它就是为你而鸣。但这个想法我觉得陌生，我就盼着别人倒霉。五十多年前，有个德国的新教牧师说：起初，他们抓共产党员，我不说话，因为我不是共产党员；后来，他们抓犹太人，我不说话，因为我是雅利安人；后来他们抓天主教徒，我不说话，因为我是新教徒……最后他们来抓我，已经没人能为我说话了。众所周知，这里不是纳粹德国，我也不是新教牧师。所以，这些话我也不想记住。

奸近杀

《廊桥遗梦》上演之前，有几位编辑朋友要我去看，看完给他们写点小文章。现在电影都演过去了，我还没去看。这倒不是故作清高，主要是因为围绕着《廊桥遗梦》有种争论，使我觉得很烦，结果连片子都懒得看了。有些人说，这部小说在宣扬婚外恋，应该批判。还有人说，这部小说恰恰是否定婚外恋的，所以不该批判。于是，《廊桥遗梦》就和“婚外恋”焊在一起了。我要是看了这部电影，也要对婚外恋作一评判，这是我所讨厌的事情。对于《廊桥遗梦》，我有如下基本判断：第一，这是编出来的故事，不是真的。第二，就算是真的，也是美国人的事，和我们没有关系。有些同志会说，不管和我们有没有关系，反正这电影我们看了，就要有个道德评判。这就叫我想起了近二十年前的事：当时巴黎歌剧院来北京演《茶花女》，有些观众说，这个茶花女是个妓女啊！男主角也不是什么好东西，玛格丽特和阿芒，两个凑起来，正好是一对卖淫嫖娼人员！要是小仲马在世，听了这种评价，一定要气疯。法国的歌唱家知道了这种评论，也会说：我们到这里演出，真是干了件傻事。演一场歌剧是很累的，唱来唱去，底下看见了什么？卖淫嫖娼人员！从那时到现在，已经过了十几年。我总觉得中国的观众应该有点长进——谁知还是没有长进。

小时候，我有一位小伙伴，见了大公鸡踩蛋，就捡起石头狂追不已，我问他干什么，他说要制止鸡耍流氓。当然，鸡不结婚，搞的全是婚外恋，而且在光天化日之下做事，有伤风化，但鸡毕竟是鸡，它们的行为不足以损害我们——我就是这样劝我的小伙伴。他有另一套说法：虽然它们是鸡，但毕竟是在耍流氓。这位朋友长着鸟形的脸，鼻涕经常流过河，有点缺心眼——当然，不能因为人家缺心眼，就说他讲的话一定不对。不知为什么，傻人道德上的敏感度总是很高，也许这纯属巧合。我们要讨论的问题是：在聪明人的范围之内，道德上的敏感度是高些好，还是低些好。

在道德方面，全然没有灵敏度肯定是不行的，这我也承认。但高到我这位朋友的程度也不行：这会闹到鸡犬不宁。他看到男女接吻就要扔石头，而且扔不准，不知道会打到谁，因此在电影院里成为一种公害。他把石头往银幕上扔，对看电影的人很有点威胁。人家知道他有这种毛病，放电影时不让他进，但是石头还会从墙外飞来。你冲出去抓住他，他就发出一阵傻笑。这个例子说明，太古板的人没法欣赏文艺作品，他能干的事只是扰乱别人……

我既不赞成婚外恋，也不赞成卖淫嫖娼，但对这种事情的关切程度总该有个限度，不要闹得和七十年代初抓阶级斗争那样的疯狂。我们国家五千年的文明史，有一条主线，那就是反婚外恋、反通奸，还反对一切男女关系，不管它正当不正当。这是很好的文化传统，但有时也搞得过于疯狂，宋明理学就是例子。理学盛行时，科学不研究，艺术不发展，一门心思都在端正男女关系上，自然没什么好结果。中国传统的士人，除了有点文化之外，品行和偏僻小山村里二十岁守寡的尖刻老太婆也差不多。我从清朝笔记小说中看到一则纪事，比《廊桥遗梦》短，但也颇有意思。这故事是说，有一位才子，在自己的后花园里散步，走到篱笆边，看到一对蚂蚱在交尾。要是我碰上这种事，连看都不看，因为我小时候见得太多了。但才子很少走出书房，就停下来饶有兴致地观看。忽然从草丛里跳出一只花里胡哨的癞蛤蟆，一口把两个蚂蚱都吃了，才子大惊失色，如梦方醒……这故事到这里就完了。有意思的是作者就此事发了一通感慨，大家可以猜猜他感慨了些什么……

坦白地说，我看书看到这里，掩卷沉思，想要猜出作者要感慨些啥。我在这方面比较鲁钝，什么都没猜出来。但是从《廊桥遗梦》里看到了婚外恋的同志、觉得它应该批判的同志比我要能，多半会猜到：蚂蚱在搞婚外恋，死了活该。这就和谜底相当接近了。作者的感慨是：“奸近杀”啊。由此可以重新解释这个故事：这两只蚂蚱在篱笆底下偷情，是两个堕落分子。而那只黄里透绿、肥硕无比的癞蛤蟆，却是个道德上的义士，看到这桩奸情，就跳过来给它们一点惩戒——把它们吃了。寓意是好的，但有点太过离奇——癞蛤蟆吃蚂蚱，都扯到男女关系上去，未免有点牵强。我总怀疑那只癞蛤蟆真有这么高尚。它顶多会想：今天真得蜜，一嘴就吃到了两个蚂蚱！至于看到人家交尾，就义愤填膺，扑过去给以惩戒——它不会这么没气量。这是因为，蚂蚱不交尾，就没有小蚂蚱；没有小蚂蚱，癞蛤蟆就会饿死。

本篇最初发表于 1996 年第 16 期《三联生活周刊》杂志。

外国电影里的幽默

近来和影视圈里的朋友谈电影，我经常要提起伍迪·艾伦。这些朋友说，艾伦的片子难懂，因为里面充满了外国人的幽默。幽默这种东西很深奥，一般人没有这么大的学问，就看不懂。我说，我觉得这些片子很好懂。他们说：您是个最有学问的人哪。就因为能看懂艾伦的电影，我赚了这么一顶高帽。艾伦有部电影叫做《傻瓜》（*Banana*），写的也是个傻瓜，走在街上看到别人倒车，就过去指挥，非把人家指挥到墙上才算；看到别人坐在桥栏杆上，就要当胸推上一把，让人家拖着一声怪叫掉到水里——就这么个能把人气乐了的家伙，居然参加了游击队，当了南美的革命领袖……当然，这部电影想在中国上演是不容易的，但也没有什么高深的学问在内。

艾伦还有部片子，叫做《性——你想知道又不敢问的事情》，从名字就能看出来，这片子有点荤，不在引进之列，但也不难懂。我在街道工厂学过徒，我估计我们厂的师傅看到这部片子都能笑出来，但也会有人看了不想笑。有位英国演员得了奥斯卡金像奖之后，仅仅因为他是男的，追星族的少女就对他很热情。他感慨道：我现在才知道，原来四十多岁，秃顶，腆着个大肚子（这就是他老兄当年的形象），这就是性感的标志啊。我也有同样感慨：原来“傻瓜”、“想知道又不敢问的事情”，这就是高深的学问啊。

最近看过美国电影《低俗小说》（又译《黑色通缉令》），里面有个笑话是这样的：第一次世界大战时，有个美国军人给爱人买了一块金表，未来得及给她，就上了前线。他带着这块表出生入死，终于回来，把表交给了她，两人结婚生子，这块表就成了这一家的传家宝。这家的第二代又是军人，带着金表去越南打仗，被越共逮住，进了战俘营。越共常常搜战俘的身，但此人想到，我要把这传家宝藏好，交给我儿子；就把它藏在了屁眼里，一连藏了五年，直到不幸死去。在临终时，他把表托付给战友，让他一定把表给儿子。这位战友也没地方藏，又把它藏在了屁眼里，又藏了两年，才被释放。最后，这家的第三代还是个孩子时，有一天，来了一位军官（就是那位受托的战友），给他讲了这个故事，并把这件带有两个人体温，七年色、香、味的宝物，放到孩子手心里。这孩子直到四十多岁，还常常在梦里见到这一幕，然后怪叫一声吓醒。

鲁迅先生也讲过一个类似的故事：民国时，一位前清的遗少把玩着一件珍贵的国宝——放在手里把玩，还拿来刮鼻子，就差含在嘴里——原来这国宝是古人大殓时夹在屁眼里的石头。从这两个故事的相似之处可以看出幽默是没有国界的，用不到什么高深学问就能欣赏它；但你若是美国的老军官，就会不喜欢《黑色通缉令》；你要是中国的遗老，就会不喜欢鲁迅先生的笑话。在这种情况下，人就会说：听不懂。

除了不想懂，还有不敢懂的情形。美国的年轻人常爱用这样一句感叹语：Holy shit！信教的老太太就听不懂。holy 这个词常用在宗教方面，就如中国人说伟大、光荣、正确，shit 是屎。连在一起来说，好多人就不敢懂了。

在美国，教会、军队，还有社会的上层人物，受宗教和等级观念制约，时常犯有假正经的毛病，所以就成为嘲讽的对象。这种幽默中国没有，但却不难理解。开玩笑会给自己带来麻烦，我喜欢说几句笑话，别人就总说：你在五七年，准是个“右派”。五七年有好多漫画家都当了“右派”。直到现在，中国还是世界上少数几个没有政治漫画的国家。于是，幽默在这个国家就成了高深莫测的学问。

有一部根据同名小说改编的电影《玫瑰之名》，讲了这么一个故事：中世纪的意大利，有座修道院，院里藏了一本禁书；有很多青年僧侣冒着生命危险去偷看这本书；又有一个老古板，把每个看过这本书的人都毒死了。该老古板说道，这本禁书毒害人的心灵，动摇人的信仰，破坏教会在人间的统治——为此，他不但杀人，还放了火，把这本禁书和整个修道院都烧掉了。这是个阴森恐怖的故事，自始至终贯穿着一个悬念——这是一本什么书？可以想象，这书里肯定写了些你想知道又不敢问的事情。在电影结束时，披露了书名，它就像《低俗小说》里那块沉重的金表，放进了你的掌心：它是亚里士多德久已失传的《诗学》第二部。这本书只谈了一件事：什么叫做幽默。这个故事的背景也可以放在现代中国。

电影·韭菜·旧报纸

看来，国产电影又要进入一个重视宣传教育的时期。我国电影的从业人员，必须做好艰苦奋斗的思想准备——这是我们的光荣传统。七十年代中期，我在北京的街道工厂当工人，经常看电影，从没花钱买过电影票，都是上面发票。从理论上说，电影票是工会买的。但工会的钱又从哪里来？我们每月只交五分钱的会费。这些钱归根结底是国家出的。严格地说，当时的电影没有票房价值，国家出钱养电影。今后可能也是这样。正如大家常说的，国家也不宽裕，电影工作者不能期望过高。这些都是正经话。

国家出钱让大家看电影，就是为了宣传和教育。坦白地说，这些电影我没怎么看。七四年、七五年我闲着没事，还去看过几次，到了七七、七八年，我一场电影都没看。那时期我在复习功课考大学，每分钟都很宝贵。除我以外，别的青工也不肯去看，有人要打家具，准备结婚，有人在谈朋友。总之，大家都忙。年轻人都让老师傅去看，但我们厂的师傅女的居多，她们说，电影院里太黑，没法打毛衣——虽然摸着黑也可以打毛衣，但师傅们说还没学会这种本领。其结果就是，我们厂上午发的电影票，下午都到了字纸篓里。我想说的是，电影要收到宣传教育的结果，必须有人看才成，这可是个严肃的问题。除了编导想办法，别人也要帮着想办法。根据我的切身经历，我有如下建议：假如放映工会包场，电影院里应该有适当的照明，使女工可以一面看电影，一面打毛衣，这样就能把人留在场里。

当然，电影的宣传教育功能不光体现在城市，还体现在广阔的农村，在这方面我又有切身体验。七十年代初，我在云南插队。在那个地方，电影绝不缺少观众。任何电影都有人看，包括《新闻简报》，但你也不要想到票房收入上去。有观众，没票房，这倒不是因为观众不肯掏钱买票，而是因为他们根本就没有钱。我觉得在农村放电影，更能体现电影的宣传、教育功能。打个比方说，在城市的电影院放电影，因为卖票，就像是职业体育；在农村放电影，就像业余体育。业余体育更符合奥林匹克精神，但是干这种事必须敬业，有献身精神——为此，我提醒电影工作者要艰苦奋斗，放电影的人尤其要有这种精神。我插队时净和放映员打交道，很了解这件事情。那时候我在队里赶牛车，旱季里，隔上十天半月，总要去接一次放映员，和他们搞得很熟……

有一位心宽体胖的师傅分管我们队，他很健谈，可惜我把他的名字忘掉了。我不光接他，还要接他的设备。这些设备里不光有放映机，还有盛在一个铁箱里的汽油发电机。这样他就不用使脚踏机来发电了。赶着牛车往回走时，我对他的工作表示羡慕：想想看，他不用下大田，免了风吹日晒，又有机器可用，省掉了自己的腿，岂不是轻省得很。但是他说，我说得太轻巧，不知道放映员担多大责任。别的不说，片子演到银幕上，万一大头朝下，就能吓出一头冷汗。假如银幕上有伟大领袖在内，就只好当众下跪，左右开弓扇自己的嘴巴，请求全体革命群众的原谅。原谅了还好，要是不原谅，捅了上去，还得住班房——这种事情是有的，而且时常发生。也不知为什么，放映员越怕，就越要出这种事。

他说放电影还不如下大田。这是特殊年代里的特殊事件，没有什么普遍意义。但他还说：宣传工作不好干——这就有普遍意义了。就拿放电影来说吧，假如你放商业片，放坏了，是你不敬业；假如这片子有政治意义，放坏了，除了不敬业，还要加一条政治问题。放电影的是这样，拍电影的更是这样。这问题很明白，我就不多说了。

越不好干的工作，就越是要干，应该有这种精神。我接的这位师傅就是这样。他给我们放电影，既没有报酬，更谈不上红包。我们只管他的饭，就在我们的食堂里吃。这件事说起来很崇高，实际上没这么崇高。我所在的地方是个国营农场，他是农场电影队的，大家同在一个系统，没什么客套。走着走着，他问起我们队的伙食怎样。这可不是瞎问：我们虽是农场，却什么家当都没有，用两只手种地，自己种自己吃，和农民没两样。那时候地种得很坏，我就坦白地说，伙食很糟。种了一些花生，遭了病害，通通死光，已经一年没油吃。他问我有没有菜吃，我说有。他说，这还好。有的队菜地遭了灾，连菜都没有，只能拿豆汤当菜。他已经吃了好几顿豆汤，不想再吃了。我们那里有个很坏的风气，叫做看人下菜碟。首长下来视察就不必说了，就是兽医来阉牛，也会给他煎个荷包蛋。就是放映员来了，什么招待也没有。我也不知是为什么。

我讲这个故事，是想要说明，搞电影工作要艰苦奋斗。没报酬不叫艰苦奋斗，没油吃不叫艰苦奋斗，真正的艰苦马上就要讲到。回到队里，帮他卸下东西，我就去厨房——除了赶牛车，我还要帮厨。那天和往常一样，吃凉拌韭菜。因为没有油，只有这种吃法。我到厨房时，这道菜已经炮制好了，我就给帮着打饭打菜。那位熟悉的放映员来时，我还狠狠地给了他两勺韭菜，让他多吃一些。然后我也收拾家什，准备收摊；就在这时，放映员仁兄从外面猛冲了进来，右手扼住了自己的脖子，舌头还拖出半截，和吊死鬼一般无二。当然，他还有左手。这只手举着饭盆让我看——韭菜里有一块旧报纸。照我看这也没有什么。他问我韭菜洗了没有，我说洗大概是洗了的，但不能保证洗得仔细。但他又问：你们队的韭菜是不是用大粪来浇？我说：大概也不会用别的东西来浇……然后才想了起来，这大概是队部的旧报纸。旧报纸上只要没有宝像，就有人扯去方便用，报纸就和粪到了一起——这样一想，我也觉得恶心起来，这顿韭菜我也没吃。可钦可佩的是，这位仁兄干呕了一阵，又去放电影了。以后再到了我们队放电影，都是自己带饭，有时来不及带饭，就站在风口处，张大嘴巴说道：我喝点西北风就饱了——他还有点幽默感。需要说明的是，洗韭菜的不是我，假如是我洗的，让我不得好死。这些事是我亲眼所见，放映员同志提心吊胆，在韭菜里吃出纸头，喝着西北风，这就是艰苦奋斗的故事。相比之下，今天的电影院经理，一门心思地只想放商业片，追求经济效益，不把社会效益、宣传工作放在心上，岂不可耻！但话又说回来，光喝西北风怎么饱肚，这还需要认真研究。

本篇最初发表于1996年第18期《三联生活周刊》杂志。

商业片与艺术片

去年，好莱坞十部大片在中国上演，引起了一场不大不小的轰动。这类片子我在美国时看了不少，但我远不是个电影迷。初到美国时英文不好，看电影来学习英文——除了在电影院看，还租带子，在有线电视上看，前后看了大约也有上千部。片子看多了，就能分出好坏来，但我是个中国的知识分子，既不买好莱坞电影俗套的账，也不吃美国文化那一套，评判电影另有一套标准。实际上，世界上所有的文化人评判美国电影，标准都和我差不多。用这个标准来看这十部大片，就是一些不错的商业片，谈不上好。美国电影里有一些真好的艺术片，可不是这个样子。

作为一个文化人，我认为好莱坞商业片最让人倒胃之处是落俗套。五六十年代的电影来不来地张嘴就唱，抬腿就跳，唱的是没调的歌，跳的是狗撒尿式的踢踏舞。我在好莱坞电影里看到男女主人公一张嘴或一抬腿，马上浑身起鸡皮疙瘩，抖作一团。你可能没有同样的反应，那是因为没有我看得多。到了七十年代，西部片大行其道，无非是一个牛仔拔枪就打，全部情节就如我一位美国同学概括的：Kill everybody——把所有的人都杀了。等到观众看到牛仔、左轮手枪就讨厌，才换上现在最大的俗套，也就是我们正在看的：炸房子，摔汽车，一直要演到你一看到爆炸就起鸡皮疙瘩，才会换点别的。除了爆炸，还有很多别的俗套。说实在的，我真有点佩服美国片商炮制俗套时那种恬不知耻的劲头。举个例子，有部美国片子《洛奇》，起初是部艺术片，讲一个穷移民，生活就如一潭死水——那叙事的风格就像怪腔怪调的布鲁斯，非常的地道。有个拳王挑对手，一下挑到他头上，这是因为他的名字叫“洛奇”，在英文的意思里是“经揍”……这电影可能你已经看过了，怪七怪八的，很有点意思。我对它评价不低。假如只拍一集，它会给人留下很好的印象，别人也爱看。无奈有些傻瓜喜欢看电影里揍人的镜头，就有混账片商把它一集集地拍了下去，除了揍人和挨揍，一点别的都没了。我离开美国时好像已经拍到了《洛奇七》或者《洛奇八》，弄到了这个地步，就不是电影，根本就是大粪。

好莱坞商业片看多了，就会联想到《镜花缘》里的直肠国。那里的人消化功能差，一顿饭吃下去，从下面出来，还是一顿饭。为了避免浪费，只好再吃一遍（再次吃下去之前，可能会回回锅，加点香油、味精）。直到三遍五遍，饭不像饭而像粪时，才换上新饭。这个比方多少有点恶心，但我想不到更好的比方了。好莱坞的片商就是直肠国的厨师，美国观众就是直肠国的食客。顺便说一句，国产电影里也有俗套，而且我们早就看腻了……这个话题就到此为止，以免大家恶心。说句公道话，这十部大片有不少长处，特技很出色，演员也演得好，虽然说到头来，也就是些商业俗套，但中国观众才吃第一遍，感觉还很好，总得再看上一些才能觉得味道不对头。

我说过，美国也有好的艺术片。比方说，沃伦·比提年轻时自己当制片、自己主演的片子就很好。其中有一部《赤色分子》，中国的观众就算没看过，大概也有耳闻。再比方说乌迪·艾伦的影片，从早年的

Banana（《傻瓜》），到后来的《汉娜姐妹》，都很好。艺术片和商业片的区别就在于不是俗套。谁能说《末代皇帝》是俗套？谁能说《美国往事》是俗套？美国出产真正的艺术片并不少，只是与大量出产的商业片比，显得少一点而已。然而就是这少量的电影，才是美国电影真正生命之所在。美国搞电影的人自己都说，除了少量艺术精品，好莱坞生产垃圾。制造垃圾的理由是：垃圾能卖钱，精品不卖钱。《美国往事》、《末代皇帝》从筹划到拍成，都是好几年。要总是这样拍电影，片商只好去跳楼……

既然艺术片不赚钱，怎么美国人还在拍艺术片？这是最有意思的问题。我以为，没有好的艺术片，就没有好的商业片。好东西翻炒几道才成了俗套，文化垃圾恰恰是精品的碎片。要是没人搞真正的艺术电影，好莱坞现在肯定还在跳狗撒尿的踢踏舞，让最鲁钝、最没品位的电影观众看了也大发痉疾。无论如何，真正的艺术才是世界上最好的东西。我对去年引进十部大片很赞成，因为前年连这样十部大片都没有。但我觉得自今年起，就该有点艺术片。除此之外，眼睛也别光盯着好莱坞。据我所知，美国一些独立制片人的片子相当好，欧洲的电影就更好。只看好莱坞商业片，是会把人看笨的。

本篇最初发表于 1996 年第 4 期《演艺圈》杂志。

我对国产片的看法

我很少出去看电影。近来在电影院看过的国产片子，大概只有《红粉》。在《红粉》这部片子里，一个嫖客、两个妓女，生离死别，演出多少悲壮的故事，看了让人起鸡皮疙瘩。由此回想起十多年前看过的一部国产片《庐山恋》，男女主人公在庐山上谈恋爱，狂呼滥喊："I love my motherland（我爱我的祖国）!"有如董存瑞炸碉堡。不知别人怎么看，我的感觉是不够妥当。这种不妥当的片子多得不计其数，恕我不一一列举。

作家纳博科夫曾说，一流的读者不是天生的，他是培养出来的。《庐山恋》还评上了奖，这大概是因为编导对观众的培养之功，但是这样的观众恐怕不能算是一流的。所以我们可以改改纳博科夫的话：三流的影视观众不是天生的，他也是培养出来的。作为欣赏者，我们开头都是二流水平，只有经过了培养，才会特别好或是特别坏。在坏的方面我可以举个例子，最近几年，中央台常演一些历史题材的连续剧，片子一上电视，编导就透过各种媒体说：这部片子的人物、情节、器具、歌舞，我们都是考证过的。我觉得这很没意思。可怪的是，每演这种电视片，报纸上就充满了观众来信，对人物年代做些烦琐考证，我也觉得挺没劲。似乎电视片的编导已经把观众都培养成了考据迷。当然，也有个把漏网之鱼，笔者就是其中之一。但就一般来说，影视的编导就是墨索里尼，总是有理。凭良心说，现在的情况不算坏。“文化大革命”里人们只看八个样板戏，也没人说不好。在那些年月里，培养出了一些只会欣赏样板戏的观众。在现在年月里，也培养了一批只会考证的观众。说到国产片的现状，应该把编导对观众的培养考虑在内。

作为一条漏网之鱼，我对电影电视有些不同的看法：我想从上面欣赏一些叫做艺术的东西。从这个意义上说，国产片的一些编导犯下了双重罪孽：其一，自己不妥当；其二，把观众也培养得不妥当。不过这种情况已经发生了变化：近年来，中国电影也取得了一些成就，有些片子还在国际上得了奖。我认为这些片子是好的，但也有一点疑问：怎么都这么惨咧咧、苦兮兮的？《霸王别姬》里剁下了一根手指头，《红高粱》里扒下了一张人皮。我们国家最好的导演，对人类的身体都充满了仇恨。单个艺术家有什么风格都可以，但说到群体，就该有另一种标准。打个比方来说，我以为英国文学是好的，自莎士比亚以降，名家辈出，内中有位哈代先生，写出的小说惨绝人寰——但他的小说也是好的。倘若英国作家自莎士比亚以降全是哈代的风格，那就该有另一种评价：英国文学是有毛病的。最近《辛德勒名单》大获成功，我听说有位大导演说：这正是我们的戏路！我们也可以拍这种表现民族苦难的片子。以我之见，按照我们的戏路，这种片子是拍不出来的。除非把活做到银幕之外，请影院工作人员扮成日本兵，手擎染血的假刺刀，随着剧情的进展，来捅我们的肚皮。当然，假如上演这样的片子，剧院外面该挂个牌子：为了下一代，孕妇免进。话虽如此说，我仍然以为张艺谋、陈凯歌不同凡响。不同凡响的证明就是：他们征服了外国的观众，而外国的观众还没有经过中国编导的培养。假如中国故事片真正走向了世界，情况还不知是怎样。

莫泊桑曾说，提笔为文，就想到了读者。有些读者说：请让我笑吧。有些读者说：请让我哭吧。有些读者说，请让我感动吧……在中国，有些读者会说，请让我们受教育吧。我举这个例子，当然是想用莫泊桑和读者，来比喻影视编导与观众。敏感的读者肯定能发现其中的可笑之处：作品培养了观众的口味，观众的口味再来影响作者，像这样颠过来、倒过去，肯定是很没劲。特别是，假如编导不妥当，就会使观众不妥当；观众又要求编导不妥当，这样下去大家都越来越不妥当。作为前辈大师，莫泊桑当然知道这是个陷阱，所以他不往里面跳。他说：只有少数出类拔萃的读者才会要求，请凭着你的本心，写出真正好的东西来。他就为这些读者而写。我也想做一个出类拔萃的观众，所以也这样要求：请凭着你的本心去拍片——但是，别再扒人皮了，这样下去有点不妥当。对于已经不妥当的编导，就不知说些什么——也许，该说点题外之语。我在影视圈里也有个把朋友，知道拍片子难：上面要审本子审片，这是一。找钱难，这是二。还有三和四，就没必要一一列举，其中肯定有一条：观众水平低，不过，我不知该怪谁。这只是一时一地的困境，而艺术是永恒的。此时此地，讲这些就如疯话一般，但我偏还觉得自己是一本正经的。

本篇最初发表于1995年第10期《演艺圈》杂志。

中国为什么没有科幻片

王童叫我回答一个问题：为什么中国没有科幻片？其实，这问题该去问电影导演才对。我认得一两位电影导演，找到一位当面请教时，他就露出一种蒙娜丽莎的微笑来，笑得我浑身起鸡皮疙瘩。笑完了以后他朝我大喝一声：没的还多着哪！少跟我来这一套……吼得我莫名其妙，不知自己来了哪一套。搞电影的朋友近来脾气都不好，我也不知为什么。

既然问不出来，我就自己来试着回答这个问题。我在美国时，周末到录像店里租片子，"科幻"一柜里片子相当多，名虽叫做科幻，实际和科学没什么大关系。比方说，《星际大战》，那是一部现代童话片。细心的观众从里面可以看出白雪公主和侠盗罗宾汉等一大批熟悉的身影。再比方说，《侏罗纪公园》。那根本就是部恐怖片。所谓科幻，无非是把时间放在未来的一种题材罢了。当然，要搞这种电影，一些科学知识总是不可少的，因为在人类的各种事业中，有一样总在突飞猛进地发展，那就是科学技术，要是没有科学知识，编出来也不像。

有部美国片子《苍蝇》，国内有些观众可能也看过，讲一个科学家研究把人通过电缆发送出去。不幸的是，在试着发送自己时，装置里混进了一只苍蝇，送过去以后，他的基因和苍蝇的基因就混了起来，于是他自己就一点点地变成了一只血肉模糊的大苍蝇——这电影看了以后很恶心，因此它得了当年的奥斯卡最佳效果奖。我相信编这个故事的人肯定从维纳先生的这句话里得到了启迪：从理论上说，人可以通过一条电线传输，但是这样做的困难之大，超出了我们的能力。想要得到这种启迪，就得知道维纳是谁：他是控制论的奠基人，少年时代是个神童——这样扯起来就没个完了。总而言之，想搞这种电影，编导就不能上电影学院，应该上综合性大学。倒也不必上理科的课，只要和理科的学生同宿舍，听他们扯几句就够用了。据我所知，综合性大学的学生也很希望在校园里看到学电影的同学。尤其是理科的男学生，肯定希望在校园里出现一些表演系的女生……这很有必要。中国的银幕上也出现过科学家的形象，但都很不像样子，这是因为搞电影的没见过科学家。演电影的人总觉得人若得了博士头衔，非疯即傻。实际上远不是这样。我老婆就是个博士。她若像电影上演的那样，我早和她离婚了。

除了要有点科学知识，搞科幻片还得有点想象力。对于创作人员来说，这可是个硬指标。这类电影把时间放到了未来，脱离了现实的束缚，这就给编导以很大自由发挥的空间——其实是很严重的考验。真到了这片自由的空间里，你又搞不出东西来，恐怕是有点难堪。拍点历史片、民俗片，就算没拍好，也显不出寒碜。缺少科学知识，没有想象力，这都是中国出不了科幻片的原因——还有一个原因，科幻片要搞好，就得搞些大场面，这就需要钱——现在是社会主义初级阶段，没那么多钱。好了，现在我已经有了很完备的答案。但要这么回答王童，我就觉得缺了点什么……

我问一位导演朋友中国为什么没有科幻片，人家就火了。现在我设身处地地替他想想：假设我要搞部科幻片，没有科学知识，我可以到大学里听课。没有想象力，我可以喝上二两，然后面壁枯坐。俗话说得好，牛粪落在田里，大太阳晒了三天，也会发酵、冒泡的。我每天喝二两，坐三个小时，年复一年，我就不信什么都想不出来——最好的科幻本子不也是人想出来的吗？搞到后来，我有了很好的本子，又有投资商肯出钱，至于演员嘛，让他们到大学和科研单位里体验生活，也是很容易办到的——搞到这一步，问题就来了：假设我要搞的是《侏罗纪公园》那样的电影，我怎么跟上面说呢？我这部片子，现实意义在哪里？积极意义又在哪里？为什么我要搞这么一部古怪的电影？最主要的问题是，我这部电影是怎样配合当前形势的？这些问题我一个都答不上来，可答不上来又不行。这样一想，结论就出来了：当初我就不该给自己找这份麻烦。

本篇最初发表于 1997 年 1 月 2 日《戏剧电影报》。

电脑特技与异化

《侏罗纪公园》、《玩具总动员》获得成功以后，电影中的电脑特技就成了个热门话题。咱们这里也有人炒这个题目，写出了大块文章，说电脑特技必然导致电影人的异化云云。我对这问题也有兴趣，但不是对炒有兴趣，而是对特技有兴趣。电脑做出的效果虽然不错，但还不能让我满意。听说做特技要用工作站，这种机器不是我能买得起的，软件也难伺候，总得有一帮专家聚在一起，黑天白日地干，做出的东西才能看。有朝一日技术进步了，用一台 PC 机就能做电影，软件一个人也能伺候过来，那才好呢。到了那时，我就不写小说，写点有声有色的东西。说句实在话，老写这方块字，我早就写烦了。有关文章的作者一定会惊呼道：连小说的作者（即我）也被异化了。但这种观点不值一驳。你说电脑特技是异化，比之搭台子演戏，电影本身才是异化呢。演戏还要化装，还不如灰头土脸往台上一站。当然上台也是异化，不如不上台。整个表演艺术都没有，这不是更贴近生活吗。说来说去，人应该弃绝一切科学、技术和艺术的进步，而且应该长一脸毛，拖条尾巴，见了人龇出大牙嗷嗷地叫唤——你当然知道它是谁，它是狒狒。比之人类，它很少受到异化，所以更像我们的共同祖先——猴子。当然，狒狒在低等猴类面前也该感到惭愧，因为它也被异化了。这样说来说去，所有的动物都该感到惭愧，只有最原始的三叶虫和有关批判文章的作者例外。

像这样理解异化的概念，可能有点歪批，但也没有把电脑科技叫做异化更歪。除了异化之外，还有个概念叫做同化。在生物学上指生物从外界取得养分，构造自己的机体。作为艺术家，我认为一切技术手段都是我们同化的目标。假如中国的电影人连电脑特技这样的手段都同化不了，干脆散伙算了。我希望艺术家都长着一颗奔腾的心，锐意进取。你当然也可以说，这姓王的被异化得太厉害，把心脏都成了电脑的 CPU。

说句老实话吧，我不相信有关文章的作者真的这么仇恨电脑。所有的东西都涨价，就是电脑在降价，它有什么可恨的呢。他们这样说，主要是因为电脑特技是外国人先搞出来，并且先用在电影上的。假如这种技术是中国人的发明，并且在我国的重点影片上首先采用，我就不相信谁还会写这种文章——资本主义国家弄出了新玩意，先弄它一下。不管有理没理，态度起码是好的。有朝一日，上面有了某种精神，咱们的文章早就写了，受表扬不说，还赚了个先知先见之明。像这种事情以前也有过，但不是发生在中国，而是发生在早年的苏联，也不是发生在电影界，而是发生在物理学界。

当时爱因斯坦的相对论刚刚问世，有几位聪明人盘算了一下，觉得该弄它一下，就写几篇文章批判了一番。爱因斯坦看了觉得好笑，写了首打油诗作为回敬——批判文章我没看到，爱老师的打油诗是读过的。当然，等我读到打油诗时，爱老师和写文章的老师都死掉了。对于后者来说，未尝不是好事，要不别人见到时说他一句：批判相对论，你还是物理学家呢你。难免也会臊死。

我总觉得，未来的电影离不了电脑特技，正如今日的物理学离不了相对论；所以上面也不会有某种精神。当然，我也不希望有关作者被臊死。这件事没弄对，但总会有弄对的时候。

本篇最初发表于 1997 年 4 月 3 日《戏剧电影报》。

旧片重温

我小时看过的旧片中，有一部对我有特殊意义，是《北国江南》。当时我正上到小学高年级，是学校组织去看的。这是一部农村题材的电影，由秦怡女士主演。我记得她在那部电影里面瞎了眼睛，还记得那部电影惨咧咧的，一点都不好看——当然，这是说电影，不是说秦怡，秦女士一直是很好看的，别的一点都记不得。说实在的，小男孩只爱看打仗的电影，我能在影院里坐到散场，就属难能可贵。这部电影的特殊之处在于：我去看时还没有问题，看过之后就出了问题——阶级斗争问题和路线斗争问题。这种问题我一点都没看出来，说明我的阶级觉悟和路线觉悟都很低。这件事引起了我的警惕，同时也想到，电影不能单单当电影来看，而是要当谜语来猜，谜底就是它问题何在。当然，像这种电影后来还有不少，但这是第一部，所以我牢牢记住了这个片名：《北国江南》。但它实在不对我胃口，所以没有记住内容。

和我同龄的人会记得，电影开始出问题，是在六十年代中期，准确地说，是 1965 年以后。在此之前也出过，比方说，电影《武训传》，但那时我太小。六五年我十三岁，在这个年龄发生的事对我们一生都有影响。现在还有人把电影当谜语猜，说每部片子都有种种毛病。我总是看不出来，也可能我这个人比较鲁钝，但是必须承认，六五年、六六年那些谜语实在是难猜。

举例来说，有一部喜剧片《龙马精神》，说到有一匹瘦马，“脊梁比刀子快，屁股比锥子快，躺下比起来快”。这匹马到了生产队的饲养员大叔手里，就被养得很肥。这部电影的问题是：这匹马起初怎么如此的瘦，这岂不是给集体经济抹黑？这个谜底就大出我的意料。从道理上讲，饲养员大叔把瘦马养肥了，才说明他热爱集体。假如马原来就胖，再把它喂得像一口超级肥猪，走起来就喘，倒不一定是关心集体。但是《龙马精神》还是被枪毙掉了。

再比方说，电影《海鹰》，我没看出问题来。但人家还是给它定了罪状。这电影中有个镜头，一位女民兵连长（王晓棠女士饰）登上了丈夫（一位海军军官）开的吉普车，扬尘而去。人家说，这女人不像民兵连长，简直像吉普女郎。所谓吉普女郎，是指解放前和美国兵泡的不正经的女人。说实在的，一般电影观众，除非本人当过吉普女郎，很难看出这种意思来。所以，我没看出这问题，也算是情有可原。

几乎所有的电影都被猜出了问题，但没有一条是我能看出来的。最后只剩下了“三战一哈”还能演。三战是《地道战》、《地雷战》、《南征北战》，大多不是文艺片，是军事教育片。这“一哈”是有关一位当时客居我国的亲王的新闻片，这位亲王带着他的夫人，一位风姿绰约的公主，在我国各地游览，片子是彩色的，蛮好看，上点年纪的读者可能还记得。除此之外，就是《新闻简报》，这是黑白片，内容千篇一律，一点不好看。有一个流行于七十年代的顺口溜，对各国电影作出了概括：朝鲜电影，又哭又笑；日本电影，内部卖票；罗马尼亚电影，莫名其妙；中国电影，《新闻简报》。这个概括是不正确的，起码对我国概括得不正确。当时的中国电影，除《新闻简报》，还剩了点别的。

这篇文章是从把电影当谜语来猜说起的。在六十年代末七十年代初，大多数的电影都被指出隐含了反动的寓意，枪毙实在是罪有应得。然后开始猜书。书的数量较多，有点猜不过来，但最后大多也有了结论：通通是毒草——红宝书例外。然后就猜人。好好一个人，看来没有毛病，但也被人找出谜底来：不是大叛徒，就是大特务，一个个被关进了牛棚；没被关进去的大都不值得一猜，比方说，我，一个十四五岁的中学生，关我就没啥意思，但我绝不认为自己身上就猜不出什么来。到了这个程度，似乎没有可猜的了吧？但人总能找出事干，这时就猜一切比较复杂的图案。有一种河南出产的香烟“黄金叶”，商标是一片烟叶，叶子上脉络纵横，花里胡哨。红卫兵从这张烟叶上看出有十几条反动标语，还有蒋介石的头像。我找来一张“黄金叶”的烟盒，对着它端详起来，横着看、竖着看，一条也没看出来。不知不觉，大白天的落了枕，疼痛难当，脖子歪了好几个月。好在年龄小，还能正过来。

到了这时，我终于得出一个结论：这种胡乱猜疑，实在是扯淡得很。这是个普遍猜疑的年代，没都能猜出有来。任何一种东西，只要足够复杂，其中有些难以解释的东西，就被往坏里猜。电影这种产品，信息含量很高，就算是最单纯的电影，所包含的信息也多过“黄金叶”的图案，想要没毛病，根本就不可能。所以，你要是听说某部电影有了问题，千万不要诧异。我们这代人，在猜疑的年代长大，难免会落下毛病，想从鸡蛋里挑出骨头，这样才显出自己能来，这是很不好的。但你若说，我这篇短文隐含了某些用意，我要承认，你说对了，不是胡乱猜疑。

本篇最初发表于 1996 年 6 月 7 日《戏剧电影报》。发表时题目为《从北国江南说起》。

为什么要老片新拍

听说最近影视圈里兴起了一阵重拍旧片的浪潮，把一批旧电影重拍成电视连续剧。其中包括《敌后武工队》、《平原枪声》、《铁道游击队》等等。现在《野火春风斗古城》已经拍了出来，正在电视上演着。我看了几眼，虽然不能说全无优点，但也没什么新意。联想到前不久看到一些忠实于原著的历史剧，我怀疑一些电视剧编导正在走一条程式化的老路，正向传统京剧的方向发展。笔者绝不是京剧迷，但认识一位京剧迷。二十年前我当学徒工时，有位老师傅告诉我说，在老北平，他每天晚上都到戏园子坐坐。一出《长坂坡》不知看了多少遍，“谁的赵云”他都看过。对此需要详加解释：过去所有的武生大概都在《长坂坡》里演过赵云，而我师傅则看过一切武生演的赵云。因为还不是所有的男演员都演过杨晓冬，也不是所有的女演员都演过银环，现在我们还不能说谁的杨晓冬、谁的银环都看过；但是事情正朝这个方向发展，因为杨晓冬和银环正在多起来。而且我们也不妨未雨绸缪，把这件事提前说上一说。

老实说，老片新拍（或者老戏重拍）不是什么新鲜事。我在美国时看过一部《疤脸人》，是大明星艾尔·帕西诺主演的彩色片。片尾忽然冒出一个字幕：以前有过一部电影《疤脸人》，然后就演了旧《疤脸人》的几个片断。从这几个片断就可以看出，虽然新旧《疤脸人》是同一个故事，但不是同一部电影。我们还知道影片《乱》翻新了莎翁的名剧，至于《战争与和平》，不知被重拍了多少遍。一个导演对老故事有了崭新的体会，就可以重拍；保证观众有一个全新的《疤脸人》或《战争与和平》就是，而且这也是对过去导演的挑战。必须指出，就是这样的老戏重拍，我也不喜欢。但这种老片重拍和我们看到的连续剧还不是一回事。我看到的《野火春风斗古城》，不仅忠实于小说原著，而且也忠实于老的黑白片；观后感就是让我把早已熟悉的东西过上一遍——就如我师傅每晚在戏园子里把《长坂坡》过一遍。前些时候有些历史连续剧，也是把旧小说搬上荧屏，也是让大家把旧有的东西过一遍。同是过一遍，现在的连续剧和传统京剧不能比。众所周知，京剧是高度完美的程式化表演。连续剧里程式是有的，完美则说不上。

我认为，现在中国人里有两种不同的欣赏趣味。一种是旧的，在传统社会和传统戏剧影响下形成的，那就是只喜欢重温旧的东西；另一种是新的，受现代影视影响形成的，只喜欢欣赏新东西。按前一种趣味来看现在的连续剧，大体上还能满意，只是觉得它程式化的程度不够。举例来说，现在连续剧里的银环，和老电影里的银环，长相不一样，表演也不一样，这就使人糊涂。最好勾勾脸，按同一种程式来表演。当然，既已有了程式，编导就是多余的。传统的京剧班子里就没有编导的地位。不过，养几个闲人观众也不反对。若按后一种趣味来看连续剧，就会说：这叫什么？照抄些旧东西，难道编导的艺术工作就是这样的吗？但后一种观众是需要编导的，只是嫌他没把工作做好。总而言之，老戏新拍使编导处于一种两面不讨好的尴尬地位：前一种观众要你的戏，但不要你这个人；后一种观众要你这个人，不要你的戏。换言之，在前一种观众面前，你是尸位素餐地鬼混着；在后一种观众面前，你是不称职或不敬业的编导。照我看来，老戏重拍真是不必要。我有一个做导演的朋友，他告诉我说：你不知道做编导的苦处，好多事都是不得已而为之。他这样一说，我倒是明白了。

本篇最初发表于 1995 年第 12 期《演艺圈》杂志。

欣赏经典

有个美国外交官，二三十年代在莫斯科待了十年。他在回忆录里写到，他看过三百遍《天鹅湖》。即使在芭蕾舞剧中《天鹅湖》是无可争辩的经典之作，看三百遍也太多了，但身为外交官，有些应酬是推不掉的，所以这个戏他只能一遍又一遍地看，看到后来很有点吃不消。我猜想，头几十次去看《天鹅湖》，这个美国人听到的是柴科夫斯基优美的音乐，看到的是苏联艺术家优美的表演，此人认真地欣赏着，不时热烈地鼓掌。看到一百遍之后，观感就会有所不同，此时他只能听到一些乐器在响着，看到一些人在舞台上跑动，自己也变成木木痴痴的了。看到二百遍之后，观感又会有所不同。音乐一响，大幕拉开，他眼前是一片白色的虚空——他被这个戏魇住了。此时他两眼发直，脸上挂着呆滞的傻笑，像一条冬眠的鳄鱼——松弛的肌肉支持不住下巴，就像冲上沙滩的登陆艇那样，他的嘴打开了，大滴大滴的哈喇子从嘴角滚落，掉在膝头。就这样如痴如醉，直到全剧演完，演员谢幕已毕，有人把舞台的电闸拉掉，他才觉得眼前一黑。这时他赶紧一个大嘴巴把自己打醒，回家去了。后来他拿到调令离开苏联时，如释重负地说道：这回可好了，可以不看《天鹅湖》了。

如你所知，该外交官看《天鹅湖》的情形都是我的猜测——说实在的，他流了哈喇子也不会写进回忆录里——但我以为，对一部作品不停地欣赏下去，就会遇到这三个阶段。在第一个阶段，你听到的是音乐，看到的是舞蹈——简言之，你是在欣赏艺术。在第二个阶段，你听到一些声音，看到一些物体在移动，觉察到了一个熟悉的物理过程。在第三个阶段，你已经上升到了哲学的高度，最终体会到芭蕾舞和世间一切事物一样，不过是物质存在的形式而已。从艺术到科学再到哲学，这是个返璞归真的过程。一般人的欣赏总停留在第一阶段，但有些人的欣赏能达到第二阶段。比方说，在电影《霸王别姬》里，葛优扮演的戏霸就是这样责备一位演员："别人的"霸王出台都走六步，你怎么走了四步？在实验室里，一位物理学家也会这样大惑不解地问一个物体：别的东西在真空里下落，加速度都是一个 G，你怎么会是两个 G？在实验室里，物理过程要有再现性，否则就不成其为科学，所以不能有以两个 G 下落的物体。艺术上的经典作品也应有再现性，比方说《天鹅湖》，这个舞剧的内容是不能改变的。这是为了让后人欣赏到前人创造的最好的东西。它只能照老样子一遍遍地演。

经典作品是好的，但看的次数不可太多。看的次数多了不能欣赏到艺术——就如《红楼梦》说饮茶：一杯为品，二杯是解渴的蠢物，三杯就是饮驴了。当然，不管是品还是饮驴，都不过是物质存在的方式而已，在这个方面，没有高低之分……

"文化大革命"里，我们只能看到八个样板戏。打开收音机是这些东西，看个电影也是这些东西。插队时，只要听到广播里音乐一响，不管轮到了沙奶奶还是李铁梅，我们张嘴就唱；不管是轮到了吴琼花还是洪常青，我们抬腿就跳。路边地头的水牛看到我们有此举动，怀疑对它有所不利，连忙扬起尾巴就逃。假如有人说我唱得跳得不够好，在感情上我还难以接受：这就是我的生活——换言之，是我存在的方式，我不过是嚷了一声，跳了一个高，有什么好不好的？打个比方来说，犁田的水牛在拔足狂奔时，总要把尾巴像面小旗子一样扬起来，从人的角度来看有点不雅，但它只会这种跑法。我在地头要活动一下筋骨，就是一个倒踢紫金冠——我就会这一种踢法，别的踢法我还不会哪。连这都要说不好，岂不是说，我该死掉？根据这种情形，我认为自己对八个样板戏的欣赏早已到了第三个阶段，我们是从哲学的高度来欣赏的，但这些戏的艺术成就如何，我确实是不知道。莫斯科歌舞剧院演出的《天鹅湖》的艺术水平如何，那位美国外交官也不会知道。你要是问他这个问题，他只会傻呵呵地笑着，你说好，他也说好，你说不好，他也说不好……

在一生的黄金时代里，我们没有欣赏到别的东西，只看了八个戏。现在有人说，这些戏都是伟大的作品，应该列入经典作品之列，以便流传到千秋万代。这对我倒是种安慰——如前所述，这些戏到底有多好我也不知道，你怎么说我就怎么信，但我也有点怀疑，怎么我碰到的全是经典？就说《红色娘子军》吧，作曲的杜鸣心先生显然是位优秀的作曲家，但他毕竟不是柴可夫斯基……芭蕾和京剧我不懂，但概率论我是懂的。这辈子碰上了八个戏，其中有两个是芭蕾舞剧，居然个个是经典，这种运气好得让人起疑。根据我的人生经验，假如你遇到一种可疑的说法，这种说法对自己又过于有利，这种说法准不对，因为它是编出来自己骗自己的。当然，你要说它们都是经典，我也无法反对，因为对这些戏我早就失去了评判能力。

本篇最初发表于1996年第6期《华人文化世界》杂志。

好人电影

我在国外时看过一部歌颂好人好事的电影，片名就叫《好人先生》。现在我们这里正好提倡拍这样的电影。俗话说得好，他山之石可以攻玉，从《好人先生》里，也许可以找出可供借鉴的地方。这位好人先生是个意大利人，和我现在的年龄相仿，比我矮一个头，头顶秃光光的，在电影院里工作。和一切好人一样，他的长相一般，但他的天性就是助人为乐，不管谁需要帮助，他马上就出现在那人身旁，也不说什么豪言壮语，挽起袖子就开始工作。

影片一开始时，他在帮助一位失业青年。这位青年有表演天才，只可惜没有演出的机会。好人先生要帮他的忙，就去找夜总会的老板。他到了人家那里也不说话，先帮老板擦桌扫地。老板知道他的意思，就说：你不要这样。我不能叫某某到我这里演出——我的生意不坏，弄个棒槌来出洋相，这不是毁我的生意吗？好人也不说话，接着帮老板干活，天天如此，终于叫老板不好意思了，说道：好吧，叫你那个人来吧。只准演一晚上。好人还是没说话。当晚他把那位青年送来了——顺便说一句，好人有一辆汽车，非常之小，样子也很古怪，像个垃圾箱的模样，我看不出是什么牌子的——把那青年送到夜总会的后门，陪他到了后台，此时电影已经演了老半天了，好人还没说一句话呢。我一边看一边想：真可惜，这么好的人是个哑巴。然后，那位青年的演出大获成功。好人在后台看他谢幕，忽然说了一句：新的明星诞生了。然后就开车走了。我看到这里非常感动，而且也挺高兴——好人不是哑巴。我们的电影里，好人满嘴豪言壮语，效果倒未必好。

在那部电影里，好人开着他那辆古怪汽车跑来跑去，忙得不可开交。那部电影头绪繁多，有二十条以上的线索，这是因为他在帮助二十个以上的人。有时你简直看不出他在干什么。比方说，他抽出大量的时间来陪一位年轻的单身母亲。这位女士非常的可爱，我觉得他对她有意思了。这也没什么不好的：好人是光棍一条，有个伴也没什么不好。走到大庭广众之中，他老请她唱歌给他听——她的嗓子非常之好，但不喜欢在生人面前歌唱，但终于拗不过好人。终于有一回，在一个大商场里放声歌唱起来，简直就像天使在歌唱。大家停下来听，给她鼓掌，她也陶醉在歌唱之中——这时候好人又跑了。人家唱得这么好，他也不听。这时我忽然想到：这个女人原来心理是有问题的，既孤僻，又悲观；好人帮助她克服了心理危机——他其实并不想听她唱歌，不过是做件好事而已。好人做好事，做得让你不知是在干啥，这样可以制造悬念——这是一种电影技法，警匪片常用，好人片里也用得上。

《好人先生》是根据真人真事拍成的，像这类影片总是有点沉闷。这部电影也有这个缺点。这电影我讲不全，因为中间睡着了几次，每次都是我老婆掐醒的。平时我睡觉不打呼噜，可那回打得很响，还是在电影院里，所以她不掐也不行——影片结尾并不沉闷：好人遇上了一个特殊的求助者——一个四五十岁的寡妇。这女人一看就很刻薄古板，身上穿着黑色的丧服，非常不讨人喜欢。她把好人叫到家里来，直截了当地说：我要你每月到我这里来两次，每月第一个星期一和第三个星期一，晚上八点来，和我做爱。你要对我非常温柔——你不能穿现在穿的夹克衫，要穿西服打领带，还要洒香水。你在我这里洗澡，但是要自带毛巾和浴衣……滴里嘟噜说了一大堆，全是不合理的要求，简直要把人的肺气炸——看起来，和那寡妇做爱比到车站卸几车皮煤还要累。就我个人来说，我宁愿去车站卸煤。你猜好人怎么着？他默默地听完了，起身吻了寡妇一下，说：到下个星期一还有三天。就去忙他的事了。这就是好人真正令人感动之处：他帮助别人是天性使然，只要能帮人干点事，他就非常高兴，不管这事是什么，只要是好事他都做。这种境界非常的高，也是值得我们借鉴的。当然了，因为国情不同，我们的好人不一定也要和寡妇做爱……

这部电影的结尾是：好人从寡妇那里出来，开车到另一处做好事，半路上出了车祸，被卡车撞了，好人也就死了。好人总是没好报，这世界上一切好人电影都是这么结束的。我们的电影也是这样，所以就用不着借鉴了。

本篇最初发表于1996年12月6日《戏剧电影报》。

都市言情剧里的爱情

看过冯小刚导演的都市言情剧《情殇》，感到这个戏还有些长处。摄影、用光都颇考究，演员的表演也不坏，除主题歌难听，没有太不好的地方。当然，这是把它放在“都市言情剧”这一消闲艺术门类内去看，放到整个艺术的领域里评论，就难免有些苛评——现在我就准备给它点苛评。我觉得自己是文化人，作为此类人士，我已经犯下了两样滔天大罪：第一，我不该看电视剧，这种东西俗得很；第二，我不该给电视剧写评论。看了恶俗的都市言情剧，再写这篇评论文章，我就如毕达哥拉斯学派的弟子，有了吃豆子的恶行，从此要被学院拒之于门外。所幸我还有先例可引：毛姆先生是个正经作家，但他也看侦探小说，而且写过评论侦探小说的文章。毛姆先生使我觉得自己有可能被原谅。当然，是被文化人原谅，不是被言情剧作者原谅——苛刻地评论人家，还想被原谅，显得太虚伪。

毛姆是这样评论侦探小说的：此类小说自爱伦·坡以来，人才辈出，培养出一大批狡猾的观众，也把自己推入了难堪之境。举例来说，一旦侦探小说里出现一位和蔼可亲、与世无争的老先生时，狡猾的观众们就马上指出：杀人的凶手就是他！此类情形也发生在我们身边，言情剧的作者也处于难堪的境地。这两年都市言情剧看多了，我们正在变得狡猾：从电视屏幕上看到温柔、漂亮的女主角林幻，我马上就知道她将在这部戏里大受摧残——否则她就不必这样温柔、漂亮了。在言情剧里，一个女人温柔、漂亮，就得倒点霉；假如她长得像我（在现实生活里，女人长得像我是种重大灾难），倒有可能很走运。她还有个变成植物人的丈夫，像根木棍一样睡在病床上，拖着她，使她不便真正移情别恋。从剧情来看，任何一个女人处在女主角的地位，都要移情别恋，因为不管她多么善良、温柔，总是一个女人，不是一根雌性的木棍，不能永远爱根雄木棍，而且剧里也没把她写成木棍，既然如此，植物人丈夫的作用无非是加重对女主角的摧残……剧情的发展已经证实了我的预见。

更狡猾的观众则说，剧作者的用意还不仅如此。请相信，这根木头棍子是颗定时炸弹。一旦林幻真正移情别恋，这根木头棍子就会醒来，这颗定时炸弹就要炸响，使可爱的女主角进一步大受摧残。戏演到现在，加在女主角身上的摧残已经够可怕的了：植物人丈夫一年要二十万医药费，她爱的男人拿不出。有个她不爱的男人倒拿得出，但要她嫁过去才能出这笔钱。对于一个珍视爱情的女人来说，走到了这一步，眼看要被逼成一个感情上的大怪物……我很不希望这种预见被证实，但从剧情的发展来看，又没有别的出路。造出一颗定时炸弹，不让它响，对炸弹也不公平哪。

毛姆先生曾指出，欣赏通俗作品有种诀窍，就是不要把它当真；要把它当做编出来的东西来看，这样就能得到一定的乐趣。常言道：爱与死是永恒的主题，侦探小说的主题是死，言情剧的主题是爱。虽然这两件事是我们生活中的大事，但出现在通俗作品里，就不能当真。此话虽然大有道理，怎奈我不肯照办。

从长远的观点来看，我们都是要死的。被杀也是一种可能的死因。但任何一个有尊严的人都会拒绝侦探小说里那种死法：把十八英尺长的短吻鳄鱼放到游泳池里，让它咬死你；或者用锐利的冰柱射入你的心脏；最起码要你死于南洋土人使用的毒刺——仿佛这世界上没有刀子也捡不到砖头。其实没有别的理由，只是要你死得怪怪的。这不是死掉，而是把人当猴子要，凶手对死者太不尊重——我这样认真却是不对的。侦探小说的作者并没有真的杀过人。所以，在侦探小说里，别的事情都可以当真，唯有死不能当真。

同理，都市言情剧别的事都可以当真，也只有爱情不能当真。倘若当真，就有很多事无法解释。以《情殇》中的林幻为例，她生为一个女人，长得漂亮也不是她之罪，渴望爱情又有什么不对？但不知为什么，人家给她的却是这样一些男人：第一个只会睡觉，该醒时他不醒，不该醒时他偏醒；就是这么睡，一年却要二十万才够开销——看到睡觉有这么贵，我已经开始失眠；第二个虽然有点像土匪，她也没有挑剔，爱上了，但又没有钱，不能在一起；第三个有钱，可以在一起，她又不爱——看到钱是如此重要，我也想挣点钱，免得害着我老婆；甚至想到去写电视剧——我也不知还有没有第四个和第五个，但我知道假如有，也不会是什么好东西。这世界上不是没有好男人，怎奈人家不给她，拣着坏的给。这个女人就像一头毛驴被驾在车辕上，爱情就像胡萝卜，挂在眼前，不管怎么够，就是吃不着——既然如此，倒不如不要爱情。我想一个有尊严的女人到了这个地步，一定会向上帝抱怨：主啊，我知道你的好意，你把我们分成男人和女人，想让我们生活有点乐趣——可以谈情说爱；但是好心不一定能办好事啊。看我这个样子，你不可怜我吗？倒不如让我没有性别，也省了受这份活罪——我知道有些低等生物蒙你的恩宠，可以无性繁殖。我就像细菌那样分裂繁殖好了。这样晚上睡觉，早上一下变成了两个人，谈恋爱无非是找个伴儿嘛，自己裂成两半儿，不就有伴儿了吗……

上帝听了林幻的祷告，也许就安排她下世做个无性繁殖的人，晚上睡觉时是林幻，醒来就变成了林幻一和林幻二，再也不用谈爱情。很不幸的是，这篇祷告词有重大的遗漏，忘记告诉上帝千万不要再把她放进电视剧里，以免剧作者还是可以拿着她分裂的事胡编乱派，让她生不如死，但这已是另一个世界里电视剧作者的题目，非我所能知道。

有关爱情片

据说有不少观众在呼唤国产爱情片。其实，国产片子里提到爱情的也不少。小时候我看过一部《战火中的青春》，那片子是打仗的，小男孩挺爱看，但看完又觉得有点腻腻歪歪地不对劲。现在知道，这是因为片里暗示了一点爱情。青年时代看过《庐山恋》，从片名就知道，这是部爱情片。至于近来的影片，只要是现代的，大概都有点爱情的影子在内。有这么多提到爱情的国产片，观众还觉得不够，想必是有原因的——我觉得这原因就是：这些电影里爱情的力度不够，不足以满足观众（尤其是中青年女观众）的需要。我以为这是因为导演老想在电影里加入些理想和追求，把怎么谈恋爱都忘了。

以《庐山恋》为例，不仅爱情的力度不够，而且相当的古怪，虽说是部爱情片，男女主人公一不接吻，二不拥抱，连爱你都不说，只用英文高呼：I love my motherland（我爱我的祖国），吼得地动山摇。那部电影看得我浑身发冷——在云南插队时，我得过疟疾，自打那以后，还没起过那么多的鸡皮疙瘩。想看看爱情片的观众当然也不想洗这样的冷水澡。她们想看的是《生死恋》、《爱情故事》、《廊桥遗梦》这样的电影，爱就爱个七死八活——拿洗澡来打比方，她们不想洗冷水澡，也不想洗温水澡。她们要的是一锅热水，烫得能煺猪毛。用猪毛来比喻爱情虽然欠斯文，但能够说明问题。我要说的是：我国的编导要想使观众满意，一定要再升升温度才成。我敢拿我这个月的饭钱打赌，谁要是能搞出一锅滚滚大开的热水、一部爱到七死八活的电影，肯定能大获成功。

读者看到我这段不阴不阳的文字，肯定会想到我不爱看爱情片。你猜对了，我爱看警匪片、科幻片，甚至武打片，就是不爱看爱情片。众所周知，警匪片很是扯淡，在《纽约大劫案》中，一帮土匪劫走了几十卡车的黄金。其实在美国，除了国库哪里都没有这么多的金子，谁要是不想活了就可以去劫个试试。现在的科幻片则完全荒诞不经。在武打片里，人们在天上飞来飞去，随手一挥，就放出一片 UFO 来，打到哪里那里就爆炸——可就是炸不死对方。那些侠客就这样浪费自己的神奇武功，却不肯用这种能力去开山辟路，造福于人。但是人也不能总这样一本正经，偶尔看看别人扯淡，也是一种调剂。

要让我来说，哪种电影都没有爱情片扯淡——人要像这种电影里那样疯狂，不出一个月准完蛋。实际上，多数爱情片的结局总是男女主人公之一完蛋——除了让他们完蛋，就想不出办法来收场。虽然女主角很迷人，男主角很潇洒，看到他们完蛋我也不伤心——我知道不是真完蛋，而是假完蛋。这种电影我看过不少，都是陪太太看的。她在这边流眼泪，我在那边说风凉话。电影散场后，她眼睛还是红红的。我不免要说：你看看你，岁数也不小了，还是 Ph. D.（学术博士），看这种电影掉眼泪，寒碜不寒碜。我老婆振振有词地说：你不知道，人经常流点眼泪，对身体有好处。按照她的说法，看爱情片就是为了刺激一下泪腺。我没有理由反对她的这种嗜好——如前所述，我自己也常看些扯淡的电影作为消遣。我知道，有位伟大的哲学家、了不起的大智者维特根斯坦，最喜欢看没品的侦探小说，相比之下我们又算得了什么。女人爱看爱情片，这种嗜好也该得到尊重。我看不出我国的编导有什么理由不肯把水再烧热一些——她们爱看什么就拍什么吧。

本篇最初发表于1997年1月23日《戏剧电影报》，发表时题目为《谈到爱情片》。

《祝你平安》与音乐电视

我很少看MTV（音乐电视），但既看电视，总免不了会看见一些。最近看到了孙悦唱的MTV《祝你平安》，心里有些疑惑，想借《演艺圈》的园地，求教于高明。照我看来，那是一首安慰失意情人的歌，对此不当再有其他解释了。孙悦唱得很好，歌也很好听。但画面就让人有点看不懂，看懂的地方又让人有气。

先说我不懂的地方。众所周知，MTV的画面不一定有逻辑，好看就成。但我不懂的是导演的创意。这本是支爱情歌，却串进了女教师和聋哑学生。虽然弘扬主旋律、歌颂人民教师是好的，但却不是这么弘扬法……我老婆没看过这段MTV，却会唱这歌，时不常对我来几句，以示柔情，但我总觉得她在说我是哑巴。这不就是搞串了吗？主旋律是主旋律，男女之情是男女之情，切不可这样胡串。再说，在片首孙悦打扮得像个小蜜，片中才出现了聋哑学生。假如不是我想象力过于丰富，这故事仿佛是说：有一聋哑学校的教师，丢下学生跑到深圳，傍上了大款。回过头来想想被丢下的学生，心中不忍——这歌就不叫“祝你平安”，该叫做“鳄鱼的眼泪”，因为真有良心就该回去教书。就算真有这样的事，也只是极个别的现象，没有普遍意义。

再说说我自以为看懂了的地方。片子结束时，出现了一个交通警，微笑着做准许车辆通行的手势。照我浅薄的理解，这是对歌曲名称的简单图示：警察同志让你过去，同时一笑，此乃祝你平安之意也——用这种手法来点题。但愿我理解错，因为把别人想得如此低能是有罪的。有个英文歌 *Crazy*（《疯狂》），请这位导演来拍 MTV，就要拍些疯子了，否则没法点题。《我的太阳》可以是这种拍法：请一漂亮女孩搂住陈佩斯。既有“我的”，又有“太阳”，太阳就是陈佩斯的脑袋。你肯定会同意，我的创意虽然直露，尚不如《祝你平安》的结尾那么直。要拍岳飞的《满江红》，就得去请食人族，否则不能“饥餐胡虏肉”。按照这种自然主义的逻辑，麦当娜的 *Like a virgin*（《宛如处子》）该请观众看点什么？难道要请大家当一回大夫，去看那个东西？我们又不是妇科大夫，看了也看不懂……

承认的勇气

我很少看电视。有一天偶然打开电视，想看看有没有球赛，谁知里面在演连续剧《年轮》，一对知青正在恋爱——此时想关上也不可能，因为我老婆在旁边，她就喜欢看人恋爱——当时是黑更半夜，一男一女在旷野中，四野无人，只见姑娘忽然惨呼一声，“我是可以教育好的子女”，投入情郎的怀抱。这个场面有点历史的真实性，但我还是觉得，这女孩子讲的话太过古怪了。既然是“子女”，又堪教育，我倒想问问，你今年几岁了。坦白地说，假如我是这位情郎，就要打“吹”的主意。同情归同情，我可不喜欢和糊涂人搞在一起。该剧的作者会为这位当年的姑娘辩护道：什么事情都要放到一定的历史背景下看，当年上面的精神说她是个子女，她就是个子女。这话虽然有道理，但不对我的胃口。我更希望听到这样的解释：这女孩本是个聪明人，只可惜当时正在犯傻；但是这样的解释是很少能听到的。知青文学的作者们总是这样来解释当年的事：这是时代使然，历史使然；好像出了这样的洋相，自己就没有责任了。

我和同龄人一样，有过各种遭遇。有一阵子，我是黑五类（现在这名字是指黑芝麻、黑米等，当时是指人），后来则被发现需要再教育，就被置于广阔天地之中去滚一身泥巴，炼一颗红心。再后来回到城里，成了工人阶级，本来可以领导一切，但没发现领导了谁。再以后千辛万苦考上了大学，忽而慨然想到：现在总算是个臭老九了——以后的变化还多，就不一一列举。总而言之，人生在世，常常会落到一些“说法”之中。有些说法是不正确的，落到你的头上，你又拿它当了真，时过境迁之后，应该怎样看待自己，就是个严肃的问题。这件事让中国人一说太过复杂（我就是中国人，所以讲得这样复杂），美国人说起来简单：这不就是当了回傻×吗？

傻×（asshole）这个词，多数美国人是给自己预备的。比方说，感觉自己遭人愚弄时，就会说：我觉得自己当了傻×（I feel like an asshole）！心情不好时更会说：我正捉摸我是哪一种傻×。自己遭人愚弄，就坦然承认，那个×说来虽然不雅，但我总觉得这种达观的态度值得学习。相比之下，国人总不肯承认自己傻过，仿佛这样就能使自己显得聪明；除此之外，还要以审美的态度看待自己过去的丑态。像这种傻法，简直连×都不配做了。

本文的目的是想谈谈我的心路历程。像这样说美国人的好话，有民族虚无主义之嫌，会使该历程的价值大减。其实我想要说的是，承认自己傻过，这是一种美德，而且这种美德并不是洋人教给我的。年轻时我没有这种美德，总觉得自己很聪明，而且永远很聪明，既不会一时糊涂，也不会受愚弄。就算身处逆境，也要高声吟道：天生我材必有用——也不怕风大闪了舌头。忽一日，到工厂里学徒，拜刘二为师，学模具钳工，顺便学会了这种美德。这种美德出于中国哲人的传授，又会使它价值大增。这位哲人长了一双牛一样的眼睛，胡子拉碴，穿着不大干净。我第一次见到他，就听见他在班组里高谈阔论道：我是傻×。对这个论断，刘师傅证明如下：师傅加师母，再加两位世兄，全靠师傅的工资养活，这工资是三十五块五，很不够用，想不出路子搞钱，所以他是傻×。假如你相信是你自己，而不是别人，该为家庭负责，就会相信这个结论。同理，脑袋扛在肩上，是自己的，也该为它负责，假如自己表现得很傻，就该承认。假如这世上有人愚弄了我，我更是心服口服：既然你能耍了我，那就没什么说的——我是傻×。人生在世有如棋局，输一着就是当了回傻×，懂得这个才叫会下棋。假如我办了什么傻事被你撞见了，你叫我傻×，我是不会介意的。但我不会说别人是傻×，更不会建议别人也说自己是傻×，我知道这是个忌讳。

我现在有了一种二十岁时没有的智慧。现在我心闲气定地坐在电脑面前写着文章，不会遭到任何人的愚弄，这种状态比年轻时强了很多。当时我被人塞了一脑子的教条，情绪又受到猛烈的煽动，只会干傻事，一件聪明事都办不出来。有了前后两种参照，就能大体上知道什么是对的。这就是我的智慧：有这种智慧也不配叫做智者，顶多叫个成年人。很不幸的是，好多同龄人连这种智慧都没有，这就错过了在我们那个年代里能学会的唯一的智慧——知道自己受了愚弄。

明星与癫狂

笔者在海外留学时，有一次清早起来跑步，见到一些人带着睡袋在街头露宿。经询问，是大影星埃迪·摩菲要到这座城市来巡回演出，影迷在等着买票。摩菲的片子我看过几部，觉得他演得不坏。但花几十块钱买一张票到体育场里看他，我觉得无此必要，所以没有加入购票的行列，而是继续跑步，这样我就在明星崇拜的面前当了一回冷血动物——坦白地说，我一直是这样的冷血动物。顺便说一句，那座城市不大，倒有个很大的体育馆，所以票是富余的，白天也能买到，根本用不着等一夜。而且那些人根本不是去等买票，而是终夜喝啤酒、放音乐、吵闹不休，最安静的人也在不停地格格傻笑，搞得邻居很有意见。凭良心说，正常人不该是这个样子。至于他们进了体育馆，见到了摩菲之后，闹得就更厉害，险些把体育馆炸掉了。所以我觉得他们排队买票时是在酝酿情绪，以便晚上纵情地闹。此种情况说明，影迷（或称追星族）是有计划、有预谋地把自己置于一场癫狂之中。这种现象并不少见，每有美式足球比赛，或是摇滚歌星的演唱会，就会有人做出这种计划和预谋。当时我很想给埃迪·摩菲写封信，告诉他这些人没见到他时就疯掉了，以免他觉得这么多人都是他弄疯的，受到良心的责备。后来一想，这事他准是知道的，所以就没有写。

现在我回到国内，翻开报纸的副刊，总能看到有关明星的新闻：谁和谁拍拖，谁和谁分手了等等。明星做生意总能挣大钱，写本书也肯定畅销。明星的手稿还没有写出来就可以卖到几百万元，真让笔者羡慕不已。至于那文章，我认为写得真不怎样——不能和我崇拜的作家比，也不能和我相比。在电视上可以看到影星唱歌，我觉得唱得实在糟——起码不能和帕瓦罗蒂相比（比我唱的当然要稍好一些，但在歌唱方面，笔者绝不是个正面的榜样），但也有人鼓掌。房地产的开发商把昂贵的别墅送给影星，她赏个面子收下了，但绝不去住，开发商还觉得是莫大的荣耀。最古怪的是在万人会场里挤满了人，等某位明星上台去讲几句话，然后就疯狂地鼓掌，这使我想起了“文革”初的某些场景。我相信，假如有位明星跑到医院去，穿上白大褂，要客串一下外科医生的角色，肯定会有影迷把身体献上任她宰割，而且要求不打麻药；假如跳上民航的客机要求客串机长，飞机上肯定挤满了把生死置之度外的影迷，至于她自己肯不肯拿自己的生命来冒险，则是另一个问题。总而言之，在我们这个社会里，也开始出现了针对明星的癫狂，表面上没有美国闹得厉害，实际上更疯得没底。这种现象使我陷入了沉思之中。

我认为明星崇拜是一种癫狂症，病根不在明星身上，而是在追星族的身上。理由很简单：明星不过是一百斤左右的血肉之躯，体内不可能有那么多有害的物质，散发出来时，可以让数万人发狂。所以是追星族自己要癫狂。追星族为什么要癫狂不是我的题目，因为我不是米歇尔·福柯。但我相信他的说法：正常人和疯子的界线不是那么清楚。笔者四十余岁，年轻时和同龄人一样，发过一种癫狂症，既毁东西又伤人，比追星还要有害。所以，有点癫狂不算有病，这种癫狂没了控制才是有病。总的来说，我不反对这件事，因为人既有这样一股疯劲，把它发泄掉总比郁积着好。在周末花几十元买一张票，把脑子放在家里，到体育场里疯上一阵，回来把脑子装上，再去上班，就如脱掉衣服洗个热水澡，或许会对身心健康有某种好处，也未可知。我既然不反对这种癫狂，也就不会反对这种癫狂的商业利用（叫做“明星制”吧?）。大众有这种需求，片商或穴头来操办，赚些钱，也算是公道。至于明星本人，在这些癫狂的场合出现，更没有任何可责备的地方。我所反对的，只是对这件事的误解。虽然有这种癫狂，大家并没有疯，这一点很重要。

如前所述，追星族常常有计划、有预谋地发一场癫狂；何时何地发作、发多久、发到什么程度、为此花费多少代价，都该由那些人自己来决定。倘若明星觉得自己可以控制这些人的癫狂，肯定是个不合理的想法，因为他把影迷当成了真的疯子。据报载，我国一位女影星晾台，涮了四川上万影迷，这些影迷有点发火了。这位女影星却说，这些影迷不懂什么叫做明星制，还举了迈克尔·杰克逊为例，说这位男歌星涮了新加坡无数的歌迷，那些歌迷还觉得蛮开心云云。我以为女影星的说法是不对的。四川的影迷虽然没有新加坡的歌迷迷得那么凶，但迷到何种程度该由那些人自己来决定。倘若由你决定他们该达到哪个程度，人家就迷到什么程度，有这种想法就不正常。几年前就从报上看到有位男明星开车撞了人，不但不道歉，反要把受害者打一顿。显然，该男明星把受害者看做追星的影迷，觉得他该心甘情愿地挨顿揍，但后者有不同的看法，把他揪到警察那里去了。总而言之，用晾和揍的方法，让大家领略明星制的深奥，恐非正常人所为。最后的结论是：追星族不用我们操心，倒是明星，应该注意心理健康。

最后再来说点题外之语。国外（尤其是指美国，但不包括港台）对待影星的态度有两重性：既有冷静地欣赏其表演的一面，也有追星起哄的一面。大影星同时也是优秀的演员，演出了一些经典的艺术片。好莱坞的影业也玩闹起哄，但恐怕另有些正经的。他是个有城府的拳师，会耍花拳绣腿，但也另有真招，不让你看到。鉴于这种情形，我怀疑所谓“明星制”，是帝国主义者打过来的一颗阴险的糖衣炮弹——当然我也没有任何凭据，只是胡乱猜测——香港的影业已经中弹了。你别看它现在红火，群星灿烂，但早晚要被好莱坞吃掉，不信你就拿两地的片子比比看。至于在大陆，首批中弹的是演员。现在有明星，但没有出色的表演，更没有可以成为经典的艺术片。假如我没理解错，这些明星还拿玩闹起哄当了真，当真以为自己是些超人。这个游戏玩到此种程度，已经过了，应该回头了。

本篇最初发表于1995年第11期《演艺圈》杂志。

另一种文化

我老婆原是学历史的“工农兵大学生”。大学三年级时，有一天，一位村里来的女同学在班上大声说道：我就不知道什么是太监！说完了这话，还做顾盼自雄之状。班上别的同学都跟着说：我也不知道，我也不知道。就我老婆性子直，羞答答地说：啊呀，我可能是知道的，太监就是阉人嘛。人家又说：什么叫做阉人？她就说不出口，闹了个大红脸。当时她是个女孩子，在大庭广众之下承认自己知道什么是太监、阉人，受了很大的刺激，好一阵子灰溜溜的，不敢见人也不敢说话。

但后来她就走向了反面，不管见到谁，总把这故事讲给别人听，末了还要加上一句恶毒的评论：哼，学历史的大学生不知道什么是太监，书都念到下水里去了！没有客人时，她就把这故事讲给我听。我听了二百来遍，实在听烦了。有一回，禁不住朝她大吼了一声：你就少说几句吧！人家是农村来的，牲口又不穿裤子——没见过阉人，还没见过阉驴吗！这一嗓子又把她吼了个大红脸，这一回可是真的受了刺激，恼羞成怒了，有好几天不和我说话。假如说，这话是说村里来的女同学知道太监是什么，硬说不知道，我自己也觉得过分。假如说，这话是说那位女同学只知道阉驴不知道太监，那我吼叫些什么？所以，我也不知自己是什么意思。不知道自己什么意思，但还是有点意思，这就是种文化呀。

依我之见，文化有两方面的内容：一种是各种书本知识，这种文化我老婆是有的，所以她知道什么是太监。另一种是各种暧昧的共识，以及各种可意会不可言传的精妙气氛，一切尽在不言中——这种文化她没有，所以，她就不知道要说自己不知道什么是太监。你别看我说得头头是道，在这后一方面我也是个土包子。我倒能管住自己的嘴，但管不住自己的笔。我老婆是乱讲，我是乱写。我们俩都是没文化的野人。

我老婆读过了博士，现在是社会学家，做过性方面的研究，熟悉这方面的文献——什么 homo（同性恋）、S/M（虐恋），各种乱七八糟，她全知道。这样她就自以为很有学问，所到之处，非要直着脖子嚷嚷不可。有一次去看电影《霸王别姬》，演到关师傅责打徒弟一场，那是全片的重头戏。整个镜头都是男人的臀部，关师傅舞着大刀片（木头的）噼噼啪啪在上面打个不休，被打者还高呼："打得好！师傅保重！打得好！师傅保重！"相信大家都知道应该看点什么，更知道该怎么看。我看到在场的观众都很感动，有些女孩眼睛都湿润了。这是应该的，有位圈内朋友告诉我，导演拍这一幕时也很激动，重拍了无数次，直到两位演员彻底被打肿。每个观众都很激动，但保持了静默……大家都是有文化的。就是我老婆，像个直肠子驴一样吼了出来：大刀片子不够性感！大刀片子是差了点意思，你就不能将就点吗？这一嗓子把整个电影院的文化气氛扫荡了个干净。所有的人都把异样的目光投向我们，我想找个地缝钻进去，但没有找到。最近，她又闹着要我和她去看《红樱桃》。我就是不去，在家里好好活着，有什么不好，非要到电影院里去找死……这些电影利用了观众的暧昧心理，确实很成功。

国内的大片还有一部《红粉》。由于《霸王别姬》的前车之鉴，我没和老婆一起看，是自己偷着看的。这回是我瞎操心，这片子没什么能让她吼出来的，倒是使我想打瞌睡。我倒能理解编导的创意：你们年轻人，生在红旗下，长在红旗下，知道什么是妓女吗？好吧，我来讲一个妓女的故事……满心以为我们听到妓女这两个字就会两眼发直，但是这个想法有点过分。在影片里，有位明星刮了头发做尼姑，编导一定以为我们看了大受刺激。这个想法更过分：见了小尼姑就两眼发直，那是阿Q！我们又不是阿Q。有些电影不能使观众感到自己暧昧，而是感到编导暧昧，这就不够成功。

影视方面的情形就是这样：编导们利用“一切尽在不言中”的文化氛围，确实是大有可为。但我们写稿子的就倒了霉：想要使文字暧昧、可意会不可言传，就只好造些新词、怪词，或者串几句英文。我现在正犯后一种毛病，而且觉得良心平安：英文虽然难懂，但毕竟是种人话，总比编出一种鬼话要强一点吧。前面所写的 homo、S/M，都是英文缩写。虽然难懂，但我照用不误。这主要是因为写出的话不够暧昧，就太过直露，层次也太低。这篇短文写完之后，你再来问我这些缩写是什么意思，我就会说：我也不知道，忘掉了啊。我尤其不认识一个英文单词，叫做 pervert（性变态者），刚查了字典马上就忘。我劝大家也像我这样。在没忘掉之前，我知道是指一类人，害怕自己的内心世界，所以鬼鬼祟祟的。这些人用中国话来说，就是有点变态。假如有个 pervert 站出来说：我就是个 pervert，那他就不是个 pervert。当且仅当一个人声称：我就不知道 pervert 是什么时，他才是个 pervert。假如我说，我们这里有种 pervert 的气氛，好多人就是 pervert，那我就犯了众怒。假如我说，我们这里没有 pervert 的气氛，也没有人是 pervert，那恰恰说明我正是个 pervert。所以，我就什么都不说了。

注：homo＝homosexual

S/M＝sadist/masochist

本篇最初发表于 1996 年第 6 期《三联生活周刊》杂志。

艺术与关怀弱势群体

前不久在《中华读书报》上看到一篇文章，作者在北大听戴锦华教授的课，听到戴教授盛赞林白的《一个人的战争》，就发问道：假如你有女儿，想不想让她看这本书？戴教授答曰：否。于是作者以为自己抓到了理，得意洋洋地写了那篇文章。读那篇文章时，我就觉得这是一片歪理，因为同样的话也可以去问谢晋导演。谢导的儿子是低智人，笔者的意思不是对谢导不敬，而是说：假如谢导持有上述文章作者的想法，拍电影总以儿子能看为准，中国的电影观众就要吃点苦头。大江健三郎也有个低智儿子，若他写文章以自己的儿子能看为准绳，那就是对读者的不敬。但我当时没有作文反驳，因为有点吃不准，不知戴教授有多大。倘若她是七十岁的老人，儿女就当是我的年龄，有一本书我都不宜看，那恐怕没有什么人宜看。昨天在一酒会上见到戴教授，发现她和我岁数相仿，有儿女也是小孩子，所以我对自己更有把握了。因为该文作者的文艺观乃是以小孩子为准绳，可以反驳他（或者她）的谬见。很不幸的是，我把原文作者的名字忘了，在此申明，不是记得有意不提。

任何社会里都有弱势群体，比方说，小孩子、低智人——顺便说一句，孩子本非弱势，但在父母心中就弱势得很。以笔者为例，是一绝顶聪明的雄壮大汉，我妈称呼我时却总要冠个傻字——社会对弱势人群当有同情之心。文明国家各种福利事业，都是为此而设。但我总觉得，科学、艺术不属福利事业，不应以关怀弱势群体为主旨。这样关怀下去没个底。就以弱智人为例，我小时候邻居有位弱智人，喜欢以屎在墙上涂抹，然后津津有味地欣赏这些图案。如果艺术的主旨是关怀弱势群体，恐怕大家都得去看屎画的图案。倘若科学的主旨是关怀弱势群体，恐怕大家都得变成蜣螂一类——我对这种前景深为忧虑。最近应朋友之邀，作起了影视评论，看了一些国产影视剧，发现这种前景就在眼前，再看到上述文章，就更感忧虑。以不才之愚见，我国的文学工作者过于关怀弱势群体，与此同时，自己正在变成一个奇特的弱势群体——起码是比观众、读者为弱。戴锦华教授很例外地不在其中，难怪有人看她不顺眼。笔者在北大教过书，知道该校有个传统：教室的门是敞开的，谁都可以听。这是最美好的传统，体现了对弱势群体的关怀。但不该是谁都可以提问。罗素先生曾言，人人理应平等，但实际上做不到，其中最特殊的就是知识的领域……要在北大提问，修养总该大体上能过得去才好。

说完了忧虑，可以转入正题。我以为科学和艺术的正途不仅不是去关怀弱势群体，而且应当去冒犯强势群体。使最强的人都感到受了冒犯，那才叫做成就。以爱因斯坦为例，发表相对论就是冒犯所有在世的物理学家；他做得很对。艺术家也当如此，我们才有望看到好文章。以笔者为例，杜拉斯的《情人》、卡尔维诺的《我们的祖先》，还有许多书都使我深感被冒犯，总觉得这样的好东西该是我写出来的才对。我一直憋着用同样的冒犯去回敬这些人——只可惜卡尔维诺死了。如你所见，笔者犯着眼高手低的毛病。不过我也有点好处——起码我能容下林白的《一个人的战争》。

本篇最初发表于 1996 年 2 月 28 日《中华读书报》。

电视与电脑病毒

在美国时看电视，有些日子闹神，有些日子闹鬼。假如你打开电视机，看到所有的人都在唱歌，那一天准是圣诞节。所有的人都在唱“静静的夜，神圣的夜”，有的频道上是乡村歌手，弹着吉他，有的频道是普普通通的一家人，围在炉边唱。还有的频道上甚至是帕瓦罗蒂本人，在一座大教堂里和一群唱诗班的童子一道，把所有该在这一天唱的歌都唱完才算完——看一天电视就可以把所有的宗教歌曲都听会。那一天是耶稣基督的诞生日。美国又是个基督教国家，我们外国人没什么可说的，倒是他们美国人自己在说：年年都是这一套，真是烦死了。美国人喜欢拿宗教开些玩笑，不是因为他们不虔诚，主要是因为老是这一套，他们觉得有点烦——好在一年就闹这一次。闹神的情况就是这样。还有的日子打开电视，满屏幕都是鬼。那些绿脸的鬼怪从坟里钻出来，龇着牙在街上走着，仿佛整个世界都是绿的——当然，那一天准是万圣节。对这一套老百姓早就烦死了，经常给报刊写信臭骂电视台，但他们就是不肯改。还有时屏幕上一片鲜红，有个面目狰狞的家伙手执大斧，在所有的频道上砍人，直砍到人头滚滚，血流成河。此时你怎么也想不起还有一个砍头节。找日历来看了才知道，那一天是十三号星期五，也就是黑色星期五。对于砍人头的电视片，多数美国人恨得要死，但电视台偏要放。他们的脑子被日历拘住了。大家都知道，有些计算机病毒是择日发作的，其中有一种就叫做“黑色星期五”。这一天真是不幸，电脑闹病毒，电视也闹病毒。美国人自己也是这么说的：赶上特别的日子，你休想看上像样的电视节目。

自从我回了中国，电视总算是不闹“黑色星期五”了。但它还是一阵一阵的，和有病毒的电脑颇有点像，中国电视台的编导脑子里也有本日历。有些日子所有的频道都在闹日本鬼子——当然，这些鬼子和汉奸最后都被抗日军民消灭了，但这不能抵偿我看到他们时心中的烦恶：有个汉奸老在电视屏幕上说：太君，地雷的秘密我打听出来了——混账东西，你打听出什么了？从我十五岁开始，你一直说到了现在！还有些日子所有的频道都在引吭高歌，而且唱得都是没滋没味的。这和日历当然有关，有些日子是教师节，有些日子是老人节、儿童节。现在的节日甚多，差不多两个礼拜必有一个节日。假如把纪念日算上，几乎每天都有点说头。有个说头电视台就得有所表示，表示的结果往往是让人烦躁……

某一天成为节日或者纪念日都是有原因的，我和别人一样，对此不敢有分毫的不敬。六月一号是小朋友的节日。到了这一天电视台就不需费心安排节目，只管把平日没人看的儿童题材影片弄上去演。有些影片质量很次，有些则是过时的黑白片。大人看了不满意，编导可以说，今天是儿童节，为了孩子，您就忍着点吧。小孩不满意，则可以说，叔叔阿姨们特地给你安排了节目，亲爱的小朋友，你不要给脸不要脸哪呐。总而言之，各方面都交代得过去，还省了买好节目的钱。但是这样的儿童节目别指望小朋友会爱看。其实，儿童节的情况还算好的，到了我们的节日更糟。到了教师节，就唱些歌来歌唱人民教师，我当过很多年教师，但就是不爱听那些歌——连词带曲全都很糟。词曲作者写应景的作品，当然提不起精神。歌手们唱这种应景的歌也尽跑调儿——我看他们上台前连练都没练过。不练是对的，练这种绕嘴的歌儿会咬伤舌头。人民教师里教音乐的人听了这种歌准要哭：怎么教出这样的学生来了？以前我当教师，听见这种歌就起一身鸡皮疙瘩。现在不当了，鸡皮疙瘩起得倒少了……到了春节就要听相声，相声越来越不逗。还有那些犯贫的小品——平常的日子还可以不受这种罪……

对电视观众来说，幸运的是，不是每天都是节日和大的纪念日，在这些日子里可以指望看点好节目。对电视台的编导来说，不幸的也是，不是每天都是节日和纪念日，那一天他们必须给观众找点节目。我现在站在编导一方来说话——我们应该体谅电视台的难处。我认为，可以增加节日和纪念日的数目。举例来说，现在有儿童节、青年节、老人节，怎么没有中年节呢？要知道，中年人肩负着生活的重担。再比如说，现在有妇女节，为什么没有男人节呢？要知道，男人更需要关怀嘛。再说，打鬼子也不必等到抗战胜利五十周年，每年的“七七”和“八一五”都可以打他们。经过这样安排以后，可以做到每天都有一个题目，只要在这个题目之下，不管节目好坏都可以演。到了中年节，除了《人到中年》，似乎没什么可演的了，这就省得挑挑拣拣，年年都演它。我现在想不到有什么专以男人为题材的影片，那就更好。干脆什么都不演，电视台放假，在屏幕上放一条字幕：本台全体人员向全国所有的男同志致敬。有些计算机病毒闹起来就是这样：屏幕上冒出一行字来，就焊死了不动了……

有些电脑可能会染上某种择日发作的病毒，比如“黑色星期五”、“米开朗琪罗”，这种病毒要好几年才发作一次，一台电脑也顶多染上一两种病毒。电脑病毒不可能时常发作，更不可能每天都发作。这理由很简单：电脑是买来用的，每天闹一次，这种破烂我们要它有何用处？相比之下，我发现大家对电视比电脑宽容得多。

本篇最初发表于1996年11月8日《戏剧电影报》。发表时题目为《电视与计算机病毒》。

在美国左派家做客

上次礼拜九先生来访问我，问我爱听谁的歌。我实在想不起歌手的名字，就顺口说了个披头士。其实我只是有时用披头士的歌来吵吵耳朵。现在我手上有这四个英国佬的几盒磁盘，CD 连一张都没有，像这个样子大概也不算是他们的歌迷。只是一听到这些歌就会想到如烟的往事：好多年以前，我初到美国，深夜里到曼哈顿一位左派家里做客，当时他家里的破录音机正放着披头士的歌。说起来不好意思，我们根本不认识人家，只是朋友的朋友告诉了我们这个地址。夜里一两点钟一头撞了进去，而且一去就是四个人。坦白地说，这根本不是访友，而是要省住旅馆的钱——在纽约住店贵得很。假如不是左派，根本就不会让我们进去，甚至会打电话叫警察来抓我们。但主人见了我们却很高兴，陪我们聊了一夜，聊到了切·格瓦拉、托洛茨基，还有浩然的《金光大道》。这位先生家里有本英文的《金光大道》，中国出版，是朋友的朋友翻译的。我翻了翻，觉得译得并不好。这位朋友谈到了他们沸腾的六七十年代：反战运动、露天集会、大示威、大游行，还讲到从小红书上初次看到“造反有理”时的振奋心情。讲的时候，眼睛里都冒金光。我们也有些类似的经历，但不大喜欢谈。他老想让我们谈谈中国的红卫兵，我们也不想谈。总的来说，他给我的印象就像某位旧友，当年情同手足，现在却话不投机——我总觉得他的想法有点极左的气味。要是按他的说法，我不必来美国学什么，应该回去接着造反，我不觉得这是个好主意。但不管怎么说，美国的左派人品都非常之好，这一点连右派也不得不承认。

我记得这位左派朋友留了一头长发，穿着油光水滑的牛仔裤，留了一嘴大胡子，里面有不少白丝。在他那间窄小、肮脏的公寓里，有一位中年妇女，但不是他老婆。还有一个傻呵呵的金发女孩，也不是他的女儿。总的来说，他不像个成功人士。但历史会给他这样的人记上一笔，因为他们曾经挺身而出，反越战，反种族歧视，反对一切不公正。凌晨时分，我们都困了，但他谈意正浓——看来他惯于熬夜。在战斗的六七十年代，他们经常在公园里野营，在火堆边上弹着吉他唱上一夜，还抽着大麻烟。这种生活我也有过，只不过不在公园里，是在山坡上。可能是在山边打坝，也可能是上山砍木头，一帮知青在野地里点堆火，嗷嗷地唱上一夜。至于大麻，我没有抽过。只是有一次烟抽完了，我拿云南出的大叶清茶给自己卷了一支，有鸡腿粗细。拿火柴一点，一团火冒了上来，把我的睫毛燎了个精光。茶叶里没有尼古丁，但有不少咖啡因，我抽了一口，感觉好像太阳穴上挨了两枪，一头栽倒在地。只可惜我们过这样的生活没有什么意义，只是自己受了些罪而已。对此我没什么可抱怨的，只是觉得已经够了，我想要干点别的——这是我和左派朋友最大的不同之处。但不管怎么说，在美国的各种人中，我最喜欢的还是左派。

门前空地

十年前我在美国，每天早上都要起来跑步，跑过我住的那条街。这条街上满是旧房子，住户一半是学生，另一半是老年人。它的房基高于街道，这就是说，要走上高台阶才到房门口。从房子到人行道，有短短的一道慢坡。这地方只能弄个花坛，不能派别的用场——这就是这条街的有趣之处。这条街上有各民族的住户，比方说，街口住的似是英裔美国人，花坛弄得就很像样子。因为这片空地是慢坡，所以要有护墙，他的护墙是涂了焦油的木材筑成，垒得颇有乡村气氛。花坛里铺了一层木屑，假装是林间空地。中央种了两棵很高的水杉，但也可能是罗汉松——那树的模样介于这两种树之间，我对树木甚是外行，弄不清是什么树。一般来说，美国人喜欢在门前弄片草坪，但是草坪要剪要浇，还挺费事的；种树省心，半年不浇也不会死。

我们门前也是草坪，但里面寄宿的学生谁也不去理它，结果长出耐旱的蒿子和茅草来，时常长到一人多高。再高时，邻居就打电话来抱怨说这些乱草招蚊子，我们则打电话叫来房东，他用广东话嘟囔着，骂老美多事，把那些杂草砍倒。久而久之，我们门前又出现了个干草垛。然后邻居又抱怨说会失火，然后房东只好来把这些干草运走。上述两栋房子里的人都不想伺候花草，却有这样不同的处理方法。但我们门前比较难看，这是不言而喻的。

我们左面住了一家意大利人。男主人黝黑黝黑，长了一头银发，遇上我跑步回来，总要拉着我嘀咕一阵，说他要把花坛好好弄弄。照我看，这花坛还不坏，只是砖护墙有些裂缝，里面的土质也不够好，花草都半死不活。这位老先生画了图给我看，那张图画得太过规范，叫我怀疑他是土木工程师出身。其实他不是，他原来是卖比萨饼的。这件事他筹划来筹划去，迟迟不能开工。

在街尾处，住了一对中国来的老夫妇，每次我路过，都看到他们在修理花园，有时在砌墙，有时在掘土，使用的工具包括了儿童掘土的玩具铲以及各种报废的厨具。有一回我看到老太太在给老头砌的砖墙勾缝，所用的家什是根筷子。总而言之，他们一直在干活，从来就没停过手。门前的护墙就这么砌了出来，像个弥勒佛，鼓着大肚子。来往行人都躲着走，怕那墙会倒下来，把自己压在下面。他们在花园里摆了几块歪歪扭扭的石头，假装是太湖石。但我很怕这些石头会把老两口绊倒，把他们的门牙磕掉……后来，他们把门廊油得红红绿绿，十分恶俗，还挂上了一块破木板钉成的匾，上面写了三个歪歪倒倒的字“蓬莱阁”。我不知蓬莱仙阁是什么样子，所以没有意见。但海上的八仙可能会有不同意见……

关于怎样利用门前空地，中国人有各种各样的想法。其中之一是在角落里拦出个茅坑，攒点粪，种菜园子。小时候我住在机关大院的平房里，邻居一位大师傅就是如此行事。他还用废油毡、废铁板在门前造了一间难以言状的古怪房子，用稻草绳子、朽烂的木片等等给自己拦出片领地来，和不计其数的苍蝇快乐地共同生活。据我所见，招来的几乎全是绿荧荧的苍蝇，黑麻蝇很少来。由此可以推断出，同是苍蝇，黑麻蝇比较爱清洁，层次较高，绿豆蝇比较脏，层次也低些。假如这位师傅在美国这样干，有被拉到街角就地正法的危险。现在我母亲楼下住了另一位师傅，他在门前堆满了捡来的易拉罐和废纸板，准备去卖钱。他还嫌废纸板不压秤，老在上面浇水。然后那些纸板就发出可怕的味道来，和哈喇的臭咸鱼极为相似。这位老大爷在美国会被关进疯人院——因为他一点都不穷，还要攒这些破烂。每天早上，他先去搜索垃圾堆，然后出摊卖早点。我认为，假如你想吃街头的早点，最好先到摊主家里看看……我提起这些事，是想要说明：门前空地虽是你自己的，但在别人的视线之中。你觉得自己是个什么人，就怎么弄好了。

后来，我的意大利邻居终于规划好了一切，开始造他的花坛。那天早上来了很多黑头发的白种男人，在人行道上大讲意大利语。他们从一辆卡车上卸下一大堆混凝土砌块来，打着嘟噜对行人说 sorry（抱歉），因为挡了别人走路。说来你也许不信，他们还带来几样测绘仪器，在那里找水平面呢。总共五米见方的地面，还非弄得横平竖直不可。然后，铺上了袋装腐殖土，种了一园子玫瑰花，路过的人总禁不住站下来看，但这是以后的事。花坛刚造好时，是座庄严的四方形建筑。是一本正经建造的，不是胡乱堆的。过往的行人看到，就知道屋主人虽然老了，但也不是苟活在世上。

本篇最初发表于 1996 年第 9 期《辽宁青年》杂志。

卖唱的人们

有一次，我在早上八点半钟走过北京的西单北大街，这个时间商店都没开门，所以人行道上空空荡荡，只有满街飞扬的冰棍纸和卖唱的盲人。他们用半导体录音机伴奏，唱着民歌。我到过欧美很多地方，常见到各种残疾人乞讨或卖唱，都不觉得难过，就是看不得盲人卖唱。这是因为盲人是最值得同情的残疾人，让他们乞讨是社会的羞耻。再说，我在北京见到的这些盲人身上都很脏，歌唱得也过于悲惨；凡是他们唱过的歌，我都再也不想听到。当时满街都是这样的盲人，就我一个明眼人，我觉得这种景象有点过分。我见过各种各样的卖唱者，就属那天早上看到的最让人伤心。我想，最好有个盲人之家，把他们照顾起来，经常洗洗澡，换换衣服，再有辆面包车，接送他们到各处卖唱，免得都挤在西单北大街——但是最好别卖唱。很多盲人有音乐天赋，可以好好学一学，做职业艺术家。美国就有不少盲人音乐家，其中有几个还很有名。

本文的宗旨不是谈如何关怀盲人，而是谈论卖唱——当然，这里说的卖唱是广义的，演奏乐器也在内。我见过各种卖唱者，其中最怪异的一个是在伦敦塔边上看到的。这家伙有五十岁左右，体壮如牛，头戴一顶猎帽，上面插了五彩的鸵鸟毛，这样他的头就有点像儿童玩的羽毛球；身上穿了一件麂皮夹克，满是污渍，但比西单的那些盲人干净——那些人身上没有污渍，整个油亮油亮的——手里弹着电吉他，嘴上用铁架支了一只口琴，脚踩着一面踏板鼓，膝盖拴有两面钹，靴子跟上、两肘拴满了铃，其他地方可能也藏有一些零碎，因为从声音来听，不止我说到的这些。他在演奏时，往好听里说，是整整一支军乐队，往难听里说，是一个修理黑白铁的工场。演奏着一些俗不可耐的乐曲。初看时不讨厌，看过一分钟，就得丢下点零钱溜走，否则会头晕，因为他太吵人。我不喜欢他，因为他是个哗众取宠的家伙。他的演奏没有艺术，就是要钱。

据我所见，卖唱不一定非把身上弄得很脏，也不一定要哗众取宠。比方说，有一次我在洛杉矶乘地铁，从车站出来，走过一个很大的过厅。这里环境很优雅，铺着红地毯，厅中央放了一架钢琴。有一个穿黑色燕尾服的青年坐在钢琴后面，琴上放了一杯冰水。有人走过时，他并不多看你，只弹奏一曲，就如向你表示好意。假如你想回报他的好意，那是你的事。无心回报时，就带着这好意走开。我记得我走过时，他弹奏的是“八音盒舞曲”，异常悠扬。时隔十年，我还记得那乐曲和他的样子，他非常年轻。人在年轻时，可能要做些服务性的工作，糊口或攒学费，等待进取的时机，在公共场所演奏也是一种。这不要紧，只要无损于尊严就可。我相信，这个青年一定会有很好的前途。

下面要谈的是我所见过的最动人的街头演奏，这个例子说明在街头和公共场所演奏，不一定会有损个人尊严，也不一定会使艺术蒙羞——只可惜这几个演奏者不是真为钱而演奏。一个夏末的星期天，我在维也纳，阳光灿烂，城里空空荡荡，正好欣赏这座伟大的城市。维也纳是奥匈帝国的首都，帝国已不复存在，但首都还是首都。到过那座城市的人会同意，“伟大”二字绝非过誉。在那个与莫扎特等伟大名字联系在一起的歌剧院附近，我遇上三个人在街头演奏。不管谁在这里演奏，都显得有点不知寒碜，只有这三个人例外。拉小提琴的是个金发小伙子，穿件毛衣，一条宽松的裤子，简朴但异常整洁。他似是这三个人的头头，虽然专注于演奏，但也常看看同伴，给她们无声的鼓励。有一位金发姑娘在吹奏长笛，她穿一套花呢套裙，眼睛里有点笑意。还有一个东亚女孩坐着拉大提琴，乌黑的齐耳短发下一张白净的娃娃脸，穿着短短的裙子、白袜子和学生穿的黑皮鞋；她有点慌张，不敢看人，只敢看乐谱。三个人都不到二十岁，全都漂亮至极。至于他们的音乐，就如童声一样，是一种天籁。这世界上没有哪个音乐家会说他们演奏得不好。我猜这个故事会是这样的：他们三个是音乐学院的同学，头一天晚上，男孩说：敢不敢到歌剧院门前去演奏？金发女孩说：敢！有什么不敢的！至于那东亚女孩，我觉得她是我们的同胞。她有点害羞，答应了又反悔，反悔了又答应，最后终于被他们拉来了。除了我们之外，也有十几个人在听，但都远远地站着，恐怕会打扰他们。有时会有个老太太走近去放下一些钱，但他们看都不看，沉浸在音乐里。我坚信，这一幕是当日维也纳最美丽的风景。我看了以后有点嫉妒，因为他们太年轻了。青年的动人之处，就在于勇气，和他们的远大前程。

本篇最初发表于 1996 年第 7 期《辽宁青年》杂志。

打工经历

在美留学时，我打过各种零工。其中有一回，我和上海来的老曹去给家中国餐馆装修房子。这家餐馆的老板是个上海人，尖嘴猴腮，吝啬得不得了；给人家当了半辈子的大厨，攒了点钱，自己要开店，又有点烧得慌——这副嘴脸实在是难看，用老曹的话来说，是一副赤佬相。上工第一天，他就对我们说：我请你们俩，就是要省钱，否则不如请老美。这工程要按我的意思来干。要用什么工具、材料，向我提出来，我去买。别想揩我的油……

以前，我知道美国的科技发达，商业也发达，但我还不知道，美国还是各种手艺人的国家。我们打工的那条街上就有一大窝，什么电工、管子工、木工等等，还有包揽装修工程的小包工头儿，一听见我们开了工，就都跑来看。先看我们抡大锤、打钎子，面露微笑，然后就跑到后面去找老板，说：你请的这两个宝贝要是在本世纪内能把这餐馆装修完，我输你一百块钱。我脸上着实挂不住，真想扔了钎子不干。但老曹从牙缝里啐口唾沫说：不理他！这个世纪干不完，还有下个世纪，反正赤佬要给我们工钱……

俗话说，没有金刚钻，别揽瓷器活。要是不懂怎么装修房子就去揽这个活，那是我们的错。我虽是不懂，但有一把力气，干个小工还是够格的。人家老曹原是沪东船厂的，是从铜作工提拔起来的工程师，专门装修船舱的，装修个餐馆还不知道怎么干吗……他总说，现在的当务之急是买工具、租工具，但那赤佬老板总说，别想揩油。与其被人疑为贪小便宜，还不如闷头干活，赚点工钱算了。

等把地面打掉以后，我们在这条街上赢得了一定程度的尊敬。顺便说一句，打下来的水泥块是我一块块抱出去，扔到垃圾箱里的，老板连个手推车都舍不得租。他觉得已经出了人工钱，再租工具就是吃了亏。那些美国的工匠路过时，总来聊聊天，对我们的苦干精神深表钦佩。但是他们说，活可不是你们俩这种干法。说实在的，他们都想揽这个装修工程，只是价钱谈不拢。下一步是把旧有的隔断墙拆了。我觉得这很简单，挥起大锤就砸——才砸了一下，就被老板喝止。他说这会把墙里的木料砸坏。隔断墙里能有什么木料，不过是些零零碎碎的破烂木头。但老板说，要用它来造地板。于是，我们就一根根把这些烂木头上的钉子起出来。美国人见了问我们在干什么，我如实一说，对方捂住肚子往地下一蹲，笑得就地打起滚来。这回连老曹脸上都挂不住了，直怪我太多嘴……

起完了钉子，又买了几块新木料，老板要试试我们的木匠手艺，让我们先造个门。老曹就用锯子下起料来。我怎么看，怎么觉得这锯子不像那么回事儿，锯起木头来直拐弯儿。它和我以前见过的锯子怎么就那么不一样呢。正在干活，来了一个美国木匠。他笑着问我们原来是干啥的。我出国前是个大学教师，但这不能说，不能丢学校的脸。老曹的来路更不能说，说了是给沪东船厂丢脸。我说：我们是艺术家。这话不全是扯谎。我出国前就发表过小说，至于老曹，颇擅丹青，作品还参加过上海工人画展……那老美说：我早就知道你们是艺术家！我暗自得意：

我们身上的艺术气质是如此浓郁，人家一眼就看出来了。谁知他又补充了一句：工人没有像你们这么干活的！等这老美一走，老曹就扔下了锯子，破口大骂起来。原来这锯子的正确用途，是在花园里锯锯树杈……

我们给赤佬老板干了一个多月，也赚了他几百块钱的工钱，那个餐馆还是不像餐馆，也不像是冷库，而是像个破烂摊。转眼间夏去秋来，我们也该回去上学了。那老板的脸色越来越难看，天天催我们加班。催也没有用，手里拿着手锤铁棍，拼了命也是干不出活来的。那条街上的美国工匠也嗅出味来了，全聚在我们门前，一面看我们俩出洋相，一面等赤佬老板把工程交给他们。在这种情况下，连老曹也绷不住，终于和我一起辞活不干了。于是，这工程就像熟透的桃子一样，掉进了美国师傅的怀里。本来，辞了活以后就该走掉。但老曹还要看看美国人是怎么干活的。他说，这个工程干得窝囊，但不是他的过错，全怪那赤佬满肚子馊主意。要是由着他的意思来干，就能让洋鬼子看看中国人是怎么干活的……

美国包工头接下了这个工程，马上把它分了出去，分给电工、木工、管子工，今天上午是你的，下午是他的，后天是我的，等等。几个电话打出去，就有人来送工具，满满当当一卡车。这些工具不要说我，连老曹都没见过。除了电锯电刨，居然还有用电瓶的铲车，可以在室内开动，三下五除二，就把我们留下的破烂从室内推了出去。电工上了电动升降台，在天花板上下电线，底下木工就在装配地板，手法纯熟至极。虽然是用现成的构件，也得承认人家干活真是太快了。装好以后电刨子一刨，贼亮；干完了马上走人，运走机械，新的工人和机械马上开进来……转眼之间，饭馆就有个样儿了……我和老曹看了一会儿，就灰溜溜地走开了。这是因为我们都当过工人，知道怎么工作才有尊严。

本篇最初发表于1996年第8期《辽宁青年》杂志。

自然景观和人文景观

我到过欧美的很多城市，美国的城市乏善可陈，欧洲的城市则很耐看。比方说，走到罗马城的街头，古罗马时期的竞技场和中世纪的城堡都在视野之内，这就使你感到置身于几十个世纪的历史之中。走在巴黎的市中心，周围是漂亮的石头楼房，你可以在铁栅栏上看到几个世纪之前手工打出的精美花饰。英格兰的小城镇保留着过去的古朴风貌，在厚厚的草顶下面，悬挂出木制的啤酒馆招牌。我记忆中最漂亮的城市是德国的海德堡，有一座优美的石桥架在内卡河上，河对岸的山上是海德堡选帝侯的旧宫堡。可以与之相比的有英国的剑桥，大学设在五六百年前的石头楼房里，包围在常春藤的绿荫里——这种校舍不是任何现代建筑可比。比利时的小城市和荷兰的城市，都有无与伦比的优美之处，这种优美之处就是历史。相比之下，美国的城市很是庸俗，塞满了乱糟糟的现代建筑。他们自己都不爱看，到了夏天就跑到欧洲去度假——历史这种东西，可不是想有就能有的呀。

有位意大利的朋友告诉我说，除了脏一点、乱一点，北京城很像一座美国的城市。我想了一下，觉得这是实情——北京城里到处是现代建筑，缺少历史感。在我小的时候就不是这样的，那时的北京的确有点与众不同的风格。举个例子来说，我小时候住在北京的郑王府里，那是一座优美的古典庭院，眼看着它就变得面目全非，塞满了四四方方的楼房，丑得要死。郑王府的遭遇就是整个北京城的缩影。顺便说一句，英国的牛津城里，所有的旧房子，屋主有翻修内部之权，但外观一毫不准动，所以那座城市保持着优美的旧貌。所有的人文景观属于我们只有一次。假如你把它扒掉了，再重建起来就不是那么回事了。

这位意大利朋友还告诉我说，他去过山海关边的老龙头，看到那些新建的灰砖城楼，觉得很难看。我小时候见过北京城的城楼，还在城楼边玩耍过，所以我不得不同意他的意见。真古迹使人留恋之处，在于它历经沧桑直至如今，在它身边生活，你才会觉得历史至今还活着。要是可以随意翻盖，那就会把历史当作可以随意捏造的东西，一个人尽可夫的娼妇，这两种感觉真是大不相同。这位意大利朋友还说，意大利的古迹可以使他感到自己不是属于一代人，而是属于一族人，从亘古到如今。他觉得这样活着比较好。他的这些想法当然是有道理的，不过，现在我们谈这些已经有点晚了。

谈过了城市和人文景观，也该谈谈乡村和自然景观——谈这些还不晚。房龙曾说，世界上最美丽的乡村就在奥地利的萨尔茨堡附近。那地方我也去过，满山枞木林，农舍就在林中，铺了碎石的小径一尘不染……还有荷兰的牧场，弥漫着精心修整的人工美。牧场中央有放干草的小亭子，油漆得整整齐齐，像是园林工人干的活；因为要把亭子造成那个样子，不但要手艺巧，还要懂得什么是好看。让别人看到自己住的地方是一种美丽的自然景观，这也是一种做人的态度。

谈论这些域外的风景不是本文主旨，主旨当然还是讨论中国。我前半辈子走南闯北，去过国内不少地方，就我所见，贫困的小山村，只要不是穷到过不下去，多少还有点样。到了靠近城市的地方，人也算有了点钱，才开始难看。家家户户房子宽敞了，院墙也高了，但是样子恶俗，而且门前渐渐和猪窝狗圈相类似。到了城市的近郊，到处是乱倒的垃圾。进到城里以后，街上是干净了，那是因为有清洁工在扫。只要你往楼道里看一看，阳台上看一看，就会发现，这里住的人比近郊区的人还要邋遢得多。总的来说，我以为现在到处都是既不珍惜人文景观，也不保护自然景观的邋遢娘们邋遢汉。这种人要吃，要喝，要自己住得舒服，别的一概不管。

我的这位意大利朋友是个汉学家。他说，中国人只重写成文字的历史，不重保存环境中的历史。这话从一个意大利人嘴里说出来，叫人无法辩驳。人家对待环境的态度比我们强得多。我以为，每个人都有一部分活在自己所在的环境中，这一部分是不会死的，它会保存在那里，让后世的人看到。在海德堡、在剑桥、在萨尔茨堡，你看到的不仅是现世的人，还有他们的先人，因为世世代代的维护，那地方才会像现在这样漂亮。和青年朋友谈这些，大概还有点用。

本篇最初发表于 1996 年第 5 期《辽宁青年》杂志。

北京风情

我小时候住在成方街，离北京的城墙很近。就在这条街的尽头，城墙塌了一个口子，沿着一道陡坡，躲开密密麻麻的酸枣刺，就可以上到城上。城墙上面是宽阔的大道，漫地的方砖中间长满了荒草。庚子年间，八国联军来攻打北京，看到了这座城墙。有个联军的军官在日记里写道：这是世界上最宏伟的防御工事——他是对这城墙的高度发出的感叹，而我对城墙顶上的广阔感触很深。那上面是一片荒无人迹的辽阔的地带，走上半小时碰不见一个人。后来我在美国，和台湾来的同学聊天，说到梁思成先生曾建议把北京的城墙改作高速公路，那同学笑了起来，说道：梁先生的主意真怪，城墙顶上还能修马路吗？这位同学去过世界上很多地方，看到过很多城墙，那上面都修不了马路。我也到过世界上很多城市，见过很多古城墙。罗马城的城墙算是宏伟的了，假如有两个帕瓦罗蒂那样的人在上面并肩行走，就得掉下来一个。难怪没见过北京城墙的人要不信在上面可以修马路——其实不仅能修，而且修出来会是这世界上最伟大的人文景观之一。

过去，在北京三十四中附近的城墙里有个很大的仓库，里面放了军火和汽油。有一天爆炸了，三十四中的师生出来救人，赢得了很大的荣誉——他们学校有间荣誉室，里面挂满了那回得来的锦旗。我插队时和三十四中的学生在一起，听他们说过自己母校的光荣史。这说明城墙顶上不但能跑汽车，肚子里还能修仓库。像这样的城墙在世界上绝无仅有，可惜已经被拆了个精光。没有了宏伟的城墙、寂寞的城楼，北京城是一座没有了历史的城市。有些人会说，它怎么会没有历史——历史写在纸上。这种看法是不对的。我到过很多城市，就我所见，一座城市的历史不可能是别的，只能是它的建筑。北京城就其本来面目来说，是一座硕大无朋的四合院。没有了城墙它就不成个样子。

中国有五千年的文明史，这部历史有一半写在故纸上，还有一半埋在地下，只是缺少了一部立在地上的历史，可以供人在其中漫步。我小的时候，北京不但有城墙，还有很多古老的院子——我在教育部院里住过很久，那地方是原来的郑王府，在很长时间里保持了王府的旧貌，屋檐下住满了燕子。傍晚时分，燕子在那里表演着令人惊讶的飞行术：它以闪电般的速度俯冲下来，猛地一抬头，收起翅膀，不差毫厘地钻进椽子中间一个小洞里。一二百年前，郑王府里的一位宫女也能看到这种景象，并且对燕子的飞行技巧感到诧异——能见到古人所见，感到古人所感，这种感觉就是历史感。很遗憾的是，现在北京城里盖满了高楼，燕子找不着自己住过的屋檐，所以也很少能看到了。现在的年轻人读到“似曾相识燕归来”，大概也读不懂了。所幸的是，北京还有故宫，还有颐和园。但是没有了城墙，没有了燕子，总是一种缺憾。

文化的园地

我在布鲁塞尔等飞机，等“人民快航”。现在的人大概记不得人民快航（People's Express）了，十年前它在美国却是大名鼎鼎，因为它提供最便宜的机票，其国内航班的票比长途车票还要便宜；其国际航班肯定要比搭货船过海便宜——就算你搭得到，在船上也要吃东西，这笔开销也不小，我乘它到了欧洲，还要乘它回去。很遗憾的是，这家航空公司倒掉了。盛夏时节，欧洲到处是蓝色的人流，大家穿着蓝色的牛仔裤，背着蓝色的帆布包，包上搭着一条小凉席，走到哪儿睡到哪儿，横躺竖卧，弄得候车室、候机厅都像停尸房一样。现在的北京街头也能看到这些人：头发晒得褪了色，脸上晒出了一脸的雀斑，额头晒得红彤彤的，手里拿着旅游地图认着路；只是形不成人流。但我是在这个人流里游遍了欧洲。

穷人需要便宜的食宿和交通，学生是穷人中最趾高气扬的一种：虽然穷，但前程远大。当时我就是个学生，所以兴高采烈地研究学生旅游书里那些省钱的法子：从纽约市中心前往肯尼迪国际机场，有直通的机场 bus（巴士），但那本书却建议你乘地铁前往昆士区的北端，再坐昆士区的公共汽车南下。这条路线在地图上像希腊字母欧米伽。

那本书这样解释这个欧米伽：要尽量利用城市的公共交通，这种交通工具在世界上任何地方都是便宜的。书上还教你填饱肚子的诀窍：在纽约，可以走进一家中餐馆，要一碗白饭，用桌上的酱油下饭；在巴黎，你可以前往某教堂门口，那里有舍给穷人喝的粥。在布鲁塞尔，这个诀窍是在下午五点以后前往著名的餐饮城 City 2，稍微给一点钱，甚至不给钱，就可以把卖剩下来的薯条都包下来。这种薯条又凉、又面，但还可以填饱肚子。这些招儿我没有用过，就是用了也不觉得害臊：我是学生嘛。

我到布鲁塞尔时，已是初秋。这个季节北欧上空已是一片阴风惨雾，不宜久留，该干啥快去干啥，所以我在机场等飞机。忽然间肠胃轰鸣，那本旅游书上又没有在布鲁塞尔机场找便宜厕所的指导，我只好进了收费厕所。这地方进门要一个美元，合 40 比利时法郎，在我印象中，这是全世界的最高价。走进隔间，把门一关，门上一则留言深得我心：啊，我的心都碎了……看来是个愤世嫉俗的美国小伙子留在这儿的。他心碎的原因有二：一是被人宰了一刀，二是把自己的问题估计得严重了。至于我，虽然问题是严重的，必须立即解决，不能带上飞机，但也觉得收一美元实在太多。但仔细一看，不禁冷汗直冒：这行字被人批得落花流水——周围密密麻麻用各种字体写着：没水平——没觉悟——层次太低。这行字层次低，却引起了我的共鸣，我的层次也高不了……

我在布鲁塞尔等飞机，去了一趟收费厕所，不想走进了一个文化的园地。假如我说，我在那里看到了人文精神的讨论，你肯定不相信。但国外也有高层次的问题：种族问题，环境问题，“让世界充满爱”，还有“I have a dream today（今天我有一个梦想)”，四壁上写得满满的，这使我冷汗直冒，正襟危坐——坐在马桶上。我相信，有人在这里提到了“终极关怀”，但一定是用德文写的。那地方德文的题字不少，我看不懂。大概还有人提到了后现代，但我也看不懂——那一定是用法文写的，我又不懂法文。那里还有些反着写的问号，不知写些什么。中文却没有，大概是因为该园地收费太贵，同胞们不肯进来——我是个例外。我住了一家学生旅馆，提供免费的早餐——面包片和人造黄油，我把黄油涂得比面包片还要厚，所以跑到这里来了。用英文写出的，大多是些虽很重要，但比较浅薄的问题。比方说，有位先生写道：保护环境。后面就有人批了一句：既然要保护环境，就不要乱写。再以后，又有一句批语：你也在乱写。我很想给他也批上一句：还有你；但又怕别人再来批我。像这样批下去，整个世界都会被字迹批满，所有的环境都要完蛋。还有不少先生提出，要禁止核武器。当时冷战尚未结束，两个核大国在对峙之中。万一哪天走了火，大家都要完蛋。我当然反对这种局面。我只是怀疑坐在马桶上去反对，到底有没有效力。

布鲁塞尔的那个厕所，又是个世界性的正义论坛。很多留言要求打倒一批独裁者，从原则上说，我都支持。但我不知要打倒些谁：要是用中文来写，这些名字可能能认出个把来，英文则一个都不认识。还有些人要求解放一些国家和地区，我都赞成，但我也不知道这些地方在哪里。除此之外，我还不知道我，一个坐在马桶上的人，此时可以为他们做些什么。这些留言都用了祈使句式，主要是促成做一些事的动机——这当然是好的，但这些事到底是什么、怎样来做、由谁来做，通通没有说明。这就如我们的文化园地，总有人在呼吁着。呼吁很重要，但最好说说到底要干些什么。在那个小隔间里，有句话我最同意，它写在“解放萨尔瓦多”后面：要解放，就回去战斗吧。由此我想到：做成一件事，需要比呼吁更大的勇气和努力。要是你有这些勇气和精力，不妨动手去做。要是没这份勇气和精力，不如闭上嘴，省点唾沫，使厕所的墙壁保持清洁。当然，我还想到了，不管要做什么，都必须首先离开屁股下的马桶圈。这很重要。要是没想到这一点，就会误掉班机。

本篇最初发表于 1996 年第 17 期《三联生活周刊》杂志。

环境问题

我生在北京城里。小时候，我爬到院里的高楼顶上——这座楼在西单——四下眺望，经常能看到颐和园的佛香阁。西单离颐和园起码有二十里地。几年前，我住在北大畅春园，离颐和园只有数里之遥，从窗户里看佛香阁，十次倒有八次看不见。北京的空气老是迷迷糊糊的，有点迷眼，又有点呛嗓子，我小时候不是这样。我已经长大了，变成了一条车轴汉子——这是指衬衣领子像车轴而言。在北京城里住，几乎每天都要换衬衣，在国外时，一件衬衣可以穿好几天。世界上有很多以污染闻名的城市——米兰、洛杉矶、伦敦等等，我都去过，只有墨西哥城例外。就我所见，北京城的情况在这些城市里也是坏的。

但我对北京环境改善充满了信心。这是因为一座现代大都市，有能力很快改善环境，北京是首都，自然会首先改善。不信你到欧美的大城市看看，就会发现有些旧石头房子像瓦窑里面一样黑，而新的石头房子则像雪一样白。找个当地人问问，他们会说：老房子的黑是煤烟熏的。现在没有煤烟，石头墙就不会变黑了。我在美国的匹兹堡留过学，那里是美国的钢铁城市，以污染著称。据当地人说，大约三十年前，当地人出门访友时，要穿一件衬衣，带一件衬衣。身上穿的那件在路上就脏了，到了朋友家里再把带的那件换上。现在的情况是，那里的空气很干净。现代大城市有办法解决环境问题——有财力，也有这种技术。到了非解决不可时，自然就会解决。在这一天到来之前，我们可以戴风镜、戴口罩来解决空气不好的问题。

我现在住的地方在城乡结合部，出门不远，就不归办事处管，而是乡政府的地面。我家楼下是个农贸市场，成天来往着一些砰砰乱响的东西——手扶拖拉机、小四轮、农用汽车等等。这些交通工具有一个共同点：全装着吼声震天、黑烟滚滚的柴油机。因为有这种机器，我认为城市近郊、小城镇等地环境问题更严重。人家总说城市里噪音严重，但你若到郊区的公路边坐上一天，回来大概已经半聋了。县城的城关大多也吵得要命，上那里逛逛，回来时鼻孔里准是黑的。据报道，我国的农用汽车产值超过了正庄汽车。叫做农用车，其实它们净往城市和郊区跑。这类地方人烟稠密，和市中心差不了很多。这里的人既有鼻子，又有耳朵，因此造这种车时，工艺也宜考究些，要把环境因素考虑在内才好，否则是用不了几年的。

在这方面我有一个例子：七四年我在山东烟台一带插队，见到现在农用车的鼻祖——它是大车改制的，大车已经有两个轮子，在车辕部位装上个转盘，安上抽水磨面的柴油机，下面装上第三个轮子，用三角皮带带动，驾驶员坐在辕上，转弯时推动转盘，连柴油机带底下的轮子一块转。我不知它的正式名称叫什么，只知道它的雅号叫做“宁死不屈”，因为在转急弯时，它会把头一扭，把驾驶员扔下车去，然后就头在后、屁股在前，一路猛冲过去，此时用手枪、冲锋枪去打都不能让它停住，拿火箭筒来打它又来不及，所以叫宁死不屈。当然，最后它多半是冲进路边的店铺，撞在柜台上不动了。但那台肇事的柴油机还在恬不知耻地吼叫着。后来，它被政府部门坚决取缔了。不安全只是原因之一，主要的原因是：它对环境的影响是毁灭性的。那东西吵得厉害，简直是天理难容。跑在烟台二马路上，两边的人都要犯心脏病。发展农用汽车，也要以宁死不屈为鉴。

说到环境问题，好多人以为这是近代机器文明造成的，其实大谬不然。说到底，环境问题是人的问题。煤烟、柴油机是糟糕，但也是人愿意忍受它。到了不愿忍受时，自然会想出办法来。老北京是座消费城市，虽然没有什么机器，环境也不怎么样——晴天三尺土，雨天一街泥。我从书上看到，旧北京所有的死胡同底部、山墙底下都是尿窝子，过往行人就在那里撒尿。日久天长，山墙另一面就会长出白色的晶体，成分是硝酸铵，经加工可以做鞭炮。有些大妈还用这种东西当盐来炖肉，说用硝来炖肉能炖S烂——但这种肉我是不肯吃的。有人说，喝尿可以治百病，但我没有这种嗜好。我宁可得些病。很不幸的是，这些又骚又潮的房子里还要住人，大概不会舒适。天没下雨，听见自己家墙外老是哗哗的，心情也不会好。费孝通先生有篇文章谈“差序格局”，讲到二三十年代江南市镇，满河漂着垃圾，这种环境也不能说是好。我住的地方不远处，有片乱七八糟的小胡同，是外来人口聚集区。有时从那里经过，到处是垃圾。污水到处流，苍蝇到处飞。排水口的箅子上净是粪——根本不成个世界。有一大群人住在一起，只管糟蹋不管收拾，所以就成了这样——此类环境问题源远流长，也没听谁说过什么。

就我所见，一切环境问题都是这么形成的：工业不会造成环境问题，农业也不会造成环境问题，环境问题是人造成的。知识分子悲天悯人的哀号解决不了环境问题，开大会、大游行、全民总动员也解决不了这问题。只要知道一件事就可以解决环境问题：人不能只管糟蹋不管收拾。收拾一下环境就好了，在其中生活也能像个体面人。

本篇最初发表于1996年第11期《中国青年》杂志，发表时题目为《人不能只管糟蹋不管收拾》。

个人尊严

在国外时看到，人们对时事做出价值评判时，总是从两个独立的方面来进行：一个方面是国家或者社会的尊严，这像是时事的经线；另一个方面是个人的尊严，这像是时事的纬线。回到国内，一条纬线就像是没有，连尊严这个字眼也感到陌生了。

提到尊严这个概念，我首先想到英文词 dignity，然后才想到相应的中文词。在英文中，这个词不仅有尊严之义，还有体面、身份的意思。尊严不但指人受到尊重，它还是人价值之所在。从上古到现代，数以亿万计的中国人里，没有几个人有过属于个人的尊严。举个大点的例子，中国历史上有过皇上对大臣施廷杖的事，无论是多大的官，一言不合，就可能受到如此当众羞辱，高官尚且如此，遑论百姓。除了皇上一人，没有一个人能有尊严。有一件最怪的事是，按照传统道德，挨皇帝的板子倒是一种光荣，文死谏嘛。说白了就是：无尊严就是有尊严。此话如有任何古怪之处，罪不在我。到了现代以后，人与人的关系、个人与集体的关系，仍有这种遗风——我们就不必细说“文革”中、“文革”前都发生过什么样的事情。到了现在，已经不用见官下跪，也不会在屁股上挨板子，但还是缺少个人的尊严。环境就是这样，公共场所的秩序就是这样，人对人的态度就是这样，不容你有任何自尊。

举个小点的例子，每到春运高潮，大家就会在传媒上看到一个硬座车厢里挤了三四百人，厕所里也挤了十几人。谈到这件事，大家会说国家的铁路需要建设，说到铁路工人的工作难做，提到安全问题，提到所有的方面，就是不提这些民工这样挤在一起，完全没有了个人的尊严——仿佛这件事很不重要似的。当然，只要民工都在过年时回家，火车总是要挤的，谁也想不出好办法。但个人的尊严毕竟大受损害；这件事总该有人提一提才对。另一件事现在已是老生常谈，人走在街上感到内急，就不得不上公共厕所。一进去就觉得自己的尊严一点都没了。现在北京的公厕正在改观，这是因为外国人到了中国也会内急，所以北京的公厕已经臭名远扬。假如外国人不来，厕所就要臭下去，而且大街上改了，小胡同里还没有改。我认识的一位美国留学生说，有一次他在小胡同里内急，走进公厕撒了一泡尿，出来以后，猛然想到自己刚才满眼都是黄白之物，居然能站住了不倒，觉得自己很了不起，就急忙来告诉我。北京的某些街道很脏很乱，总要到某个国际会议时才能改观，这叫借某某会的东风。不光老百姓这样讲，领导上也这样讲。这话听起来很有点不对味。不雅的景象外人看了丢脸，没有外人时，自己住在里面也不体面——这后一点总是被人忘掉。

作为一个知识分子，我发现自己曾有一种特别的虚伪之处，虽然一句话说不清，但可以举些例子来说明。假如我看到火车上特别挤，就感慨一声道：这种事居然可以发生在中华人民共和国的土地上！假如我看到厕所特脏，又长叹一声：唉！北京市这是怎么搞的嘛！这其中有点幽默的成分，也有点当真。我的确觉得国家和政府的尊严受到了损失，并为此焦虑着。当然，我自己也想要点个人尊严，但以个人名义提出就过于直露，不够体面——言必称天下，不以个人面目出现，是知识分子的尊严所在。当然，现在我把这作为虚伪提出，已经自外于知识分子。但也有种好处，我找到了自己的个人面目。有关尊严问题，不必引经据典，我个人就是这么看。但中国忽视个人尊严，却不是我的新发现。从大智者到通俗作家，有不少人注意到一个有中国特色的现象。罗素说，中国文化里只重家族内的私德，不重社会的公德公益，这一点造成了很要命的景象。费孝通说，中国社会里有所谓“差序格局”，与己关系近的就关心，关系远的就不关心或少关心；结果有些事从来就没人关心。龙应台为这类事而愤怒过，三毛也大发过一通感慨。读者可能注意到了，所有指出这个现象的人，或则是外国人，或则曾在国外生活过，又回到了国内。没有这层关系的中国人，对此浑然不觉。笔者自己曾在外国居住四年，假如没有这种经历，恐怕也发不出这种议论——但这一点并不让我感到开心。环境脏乱的问题、火车拥挤的问题、社会秩序的问题，人们倒是看到了，但总从总体方面提出问题，讲国家的尊严、民族的尊严。其实这些事就发生在我们身边，削我们每个人的面子——对此能够浑然无觉，倒是咄咄怪事。

人有无尊严，有一个简单的判据，是看他被当作一个人还是一个东西来对待。这件事有点两重性，其一是别人把你当作人还是东西，是你尊严之所在。其二是你把自己看成人还是东西，也是你的尊严所在。挤火车和上公共厕所时，人只被当身体来看待。这里既有其一的成分，也有其二的成分；而且归根结蒂，和我们的文化传统有关。说来也奇怪，中华礼仪之邦，一切尊严，都从整体和人与人的关系上定义，就是没有个人的位置。一个人不在单位里、不在家里，不代表国家、民族，单独存在时，居然不算一个人，就算是一块肉。这种算法当然是有问题。我的算法是：一个人独处荒岛而且谁也不代表，就像鲁滨逊那样，也有尊严，可以很好地活着。这就是说，个人是尊严的基本单位。知道了这一点，火车上太挤了之后，我就不会再挤进去而且浑然无觉。

本篇最初发表于 1995 年第 5 期《三联生活周刊》杂志。

君子的尊严

笔者是个学究，待人也算谦和有礼，自以为算个君子——当然，实际上是不是，还要别人来评判。总的来说，君子是有文化有道德的人，是士人或称知识分子。按照中国的传统，君子是做人的典范。君子不言利。君子忍让不争。君子动口不动手。君子独善其身。这都是老辈子传下来的规矩，时至今日，以君子自居的人还是如此行事。我是宁做君子不做小人的，但我还是以为，君子身上有些缺点，不配作为人的典范；因为他太文弱、太窝囊、太受人欺。

君子既不肯与人争利，就要安于清贫。但有时不是钱的问题，是尊严的问题。前些时候在电视上看到北京的一位人大代表发言，说儿童医院的挂号费是一毛钱，公厕的收费是两毛钱。很显然，这样的收费标准有损医务工作的尊严。当然，发言的结尾是呼吁有关领导注意这个问题，有关领导也点点头说：是呀是呀，这个问题要重视。我总觉得这位代表太君子，没把话讲清楚——直截了当的说法是：我们要收两块钱。别人要是觉得太贵，那你就还个价来——这样三下五除二就切入了正题。这样说话比较能解决问题。

君子不与人争，就要受气。举例来说，我乘地铁时排队购票，总有些不三不四的人到前面加塞。说实在的，我有很多话要说：我排队，你为什么不排队？你忙，难道我就没有事？但是碍于君子的规范，讲不出口来。话憋在肚子里，难免要生气。有时气不过，就嚷嚷几句：排队，排队啊。这种表达方式不够清晰，人家也不知是在说他。正确的方式是：指住加塞者的鼻子，口齿清楚地说道：先生，大家都在排队，请你也排队。但这样一来，就陷入与人争论的境地，肯定不是君子了。

常在报纸上看到这样的消息：流氓横行不法，围观者如堵，无人上前制止。我敢断定，围观的都是君子，也很想制止，但怎么制止呢？难道上前和他打架吗？须知君子动口不动手啊。我知道英国有句俗话：绅士动拳头，小人动刀子。假如在场的是英国绅士，就可以上前用拳头打流氓了。

既然扯到了绅士，就可以多说几句。从前有个英国人到澳大利亚去旅行，过海关时，当地官员问他是干什么的。他答道：我是一个绅士。因为历史的原因，澳大利亚人不喜欢听到这句话，尤其不喜欢听到这句话从一个英国人嘴里说出来。那官员又问：我问你的职业是什么？英国人答道：职业就是绅士。难道你们这里没有绅士吗？这下澳大利亚人可火了，差点揍他，幸亏有人拉开了。在英美，说某人不是绅士，就是句骂人话。当然，在我们这里说谁不是君子，等于说他是小人，也是句骂人话。但君子和绅士不是一个概念。从字面上看，绅士（gentleman）是指温文有礼之人，其实远不止此。绅士要保持个人的荣誉和尊严，甚至可以说是这方面的专业户。坦白地说，他们有点狂傲自大。但也有一种好处：真正的绅士决不在危险面前止步。大战期间，英国绅士大批开赴前线为国捐躯，甚至死在了一般人前面。君子的标准里就不包括这一条。

中国的君子独善其身，这样就没有了尊严。这是因为尊严是属于个人的、不可压缩的空间，这块空间要靠自己来捍卫——捍卫的意思是指敢争、敢打官司、敢动手（勇斗歹徒）。我觉得人还是有点尊严的好，假如个人连个待的地方都没有，就无法为人做事，更不要说做别人的典范。

本篇最初发表于1995年第5期《三联生活周刊》杂志（12月10日出版）。

居住环境与尊严

我住在一座高层建筑里。从一楼到十七楼，人人都封阳台，所用的材料和样式各异，看起来相当丑陋。公用的楼道上，玻璃碎了一半，破了的地方用三合板或纤维板堵住；楼梯上很脏，垃圾道的口上更脏。如果它是一座待拆的楼房，那倒也罢了，实际上它是新的，建筑质量也很好，是人把它住成了这样。至于我家里，和别人家里一样，都很干净，只是门外面脏。假如有朋友要见我，就要区别对待：假如他是中国人，就请他到家里来；要是外国人，就约在外面见面。这是因为我觉得让外国人到我家来，我的尊严要受损失。

假设有个外国人来看我，他必须从单元门进来，爬上六层，才能到达我家的门口。单元门旁边就是垃圾道的出口，那里总有大堆的垃圾流在外面，有鱼头鸭头鸡肠子在内，很招苍蝇，看起来相当吓人。此人看过了这种景色之后，爬上一至六层的楼梯，呼吸着富含尘土的空气，看到满地的葱皮、鸡蛋壳，还有墙上淋漓的污渍。我希望他有鼻炎，闻不见味儿。我没有鼻炎，每回爬楼梯时我都闭着气。上大学时，我肺活量有五千毫升，现在大概有八千。当然，这是在白天。要是黑夜他根本就上不来，因为楼道里没灯，他会撞进自行车堆里，摔断他的腿。夜里我上楼时，手里总拿根棍儿，探着往上爬。他还不知扶手不能摸，摸了就是一手灰。才搬来时我摸过一把，那手印子现在还印在那里，只是没有当初新鲜。就这样到了我的门外，此时他对我肯定有了一种不好的看法。坦白地说，我在美国留学时，见到哪个美国同学住在这样的房子里，肯定也会看不起他。

要是个中国人来看我，看到的景象也是一样。大家都是人，谁也不喜欢肮脏，所以对这种环境的反感也是一样的。但他进了我家的门，就会把路上看到的一切都忘掉。他对我这么好，除了同胞情谊之外，还因为他知道楼道里这么脏不能怪我；所以我敢把他请到家里来。

因为本文想要谈尊严问题，就此切入正题。所谓尊严（dignity），是指某人受到尊敬，同时也是个人的价值所在。笔者曾在国外居住四年，知道洋鬼子怎样想问题：一个人住在某处，对周围的一切既有权利，也有义务。假如邻居把门前和阳台弄得不像话，你可以径直打电话说他，他要是个体面人就不会不理。反过来，假如你把门前弄得不像话，他也会径直打电话来说你，你也不能不理。因此，一个地方住了一些体面人，就不会又脏又乱。居住的环境就这样和个人尊严联系在一起。假如我像那些洋人想象的那样，既有权利，又有义务，本人还是个知识分子，还把楼房住成了这样，那我又算个什么人呢。这就是我不敢让洋人上家里来的原因。

但你若是中国人，就会知道：我有权利把自己的阳台弄成任何一种模样，别人不会来管，别人把家门外弄成任何一种样子，我也没有办法。当然，我觉得楼道太脏，也可以到居委会反映一下，但说了也没有用。顺便说说，我们交了卫生费，但楼梯总没有人扫。我扫过楼道，从六楼扫到了一楼，只是第二天早上出来一看，又被弄得很脏；看来一天要扫三遍才行。所以我也不扫了。我现在下定了一种决心：一过了退休年龄，就什么都不干，天天打扫楼道；现在则不成，没有工夫。总而言之，对这件事我现在是没有办法了。把话说白了，就是这样的：在我家里，我是个人物。出了家门，既没有权利，又没有义务，根本就不是什么人物，说话没有人理，干事情没人响应，而且我自己也不想这样。这不是在说外国人的好话，也不是给自己推卸责任，而是在说自己为什么要搞两面派。

中国这地方有一种特别之处，那就是人只在家里（现在还要加上在单位里）负责任，出了门就没有了责任感（罗素和费孝通对此都有过论述，谁有兴趣可以去查阅）。大家所到之处，既无权利，也无义务；所有的公利公德，全靠政府去管，但政府不可能处处管到，所以到处乱糟糟。一个人在单位是老张或老李，回了家是爸爸或妈妈，在这两处都要顾及体面和自己的价值，这是很好的，但在家门外和单位门外就什么都不是，被称做“那男的”或是“那女的”，一点尊严也没有，这就很糟糕。我总觉得，大多数人在受到重视之后，行为就会好。

本篇最初发表于1996年第2期《辽宁青年》杂志。

饮食卫生与尊严

每天早上，北京街头就会出现一些早点摊。有一天我起早了，走着走着感到有点饿，想到摊上吃一点。吃之前先绕到摊后看了一眼，看到一桶洗碗水，里面还泡着碗。坦白地说，与一桶泔水相似。我当时就下定决心，再不到小摊上吃饭。当然，我理解那些吃这种早点的人，因为我也当过工人。下了夜班，胃里难受，嘴里还有点血腥味，不吃点热东西实在没法睡；这么早又找不到别的地方吃饭，只好到摊上去吃。我不理解的是那些卖早点的人。既然人家到你这里吃东西，你为什么不弄干净一点？

我认识一个人，是从安徽出来打工的。学了点手艺，在个体餐馆里当厨师。后来得了肝炎，老板怕他传染顾客，把他辞掉了，他就自制熟肉到街上去卖。我觉得这很不好，有传染病的人不能卖熟食。你要问他为什么这么干，他就说：要赚钱。大家想想看，人怎么能这样待人呢。只有无赖才这样看问题。我实在为他们害羞，觉得他们抛弃了人的尊严。当然，这里说到的不是那些饮食者的个人尊严，而是卖饮食者的尊严；准确地说，是指从外地到北京练摊的人——其中有好的，但也有些人实在不讲卫生。要是在他本乡本土，他决不会这么干。这就是说，他们做人方面有了问题。至于这个问题，我认为是这样的：你穿着衣服在街上一走，别人都把你当人来看待。所以，在你做东西给别人吃时，该把别人当人来看待。有一种动物多脏的东西都吃，但那是猪啊。你我是同类，难道大家都是猪？我一直这么看待这个问题，最近发生了一点变化，是因为遇上这么一回事：

有一天，我出门去帮朋友搬家。出去时穿得比较破，因为要做粗活。回来时头上有些土，衣服上有点污渍，抬了一天冰箱，累得手脚有点笨，至于脸色，天生就黑。总而言之，像个“外地来京人员”——顺便说一句，现在“人员”这个字眼就带有贬义，计有无业人员、社会闲散人员、卖淫嫖娼人员等等说法——就这个样子乘车回来，从售票员到乘客，对我都不大客气，看我的眼神都不对。我因此有点憋气，走到离家不远，一不小心碰到了一个人。还没等把道歉的话说出口，对方已经吼道：没带眼睛吗？底下还有些话，实在不雅，不便在此陈述。我连话都不敢说，赶紧溜走了。假如我说，我因此憋了一口气，第二天就蹬辆三轮车，带一个蜂窝煤炉子、一桶脏水到街上练早点，那是我在编故事。但我确实感到了，假如别人都不尊重我，我也没法尊重别人。假如所有的人都一直斜眼看我，粗声粗气地说我，那我的确什么事都干得出来。不过，回到家里，洗个热水澡，换上干净衣服，我心情又好了。有个住的地方，就有这点好处。

我住的地方在城乡结合部上，由这里向西，不过二里路，就是一个优雅的公园，是散步的好地方。但要到那里去，要穿过一段小街陋巷，低矮的平房。有的房子门上写着“此房出租”，有的里面住着外地来打工的人，住得很挤。我穿过小巷到公园里去散步，去了一回，就再也不去了。那条路上没有下水道，尽是明沟，到处流着污水。我全身上下最好使的器官是鼻子，而且从来不得鼻炎，所以在这一路上嗅到六七处地方有强烈的尿骚气。这些地方不是厕所，只是些犄角旮旯，而这一路上还真没有什么厕所。走着走着遇上一片垃圾场，有半亩地大，看起来触目惊心。到了这里，我就痛恨自己的鼻子，恨它为什么这么好使。举例来说，它能分出鸡肠子和鸭肠子，前者只是腥臭，后者有点油腻腻的，更加难闻。至于鱼肠子，在两里路外我就能闻到，因为我讨厌鱼腥味。就这样到了公园里，我已无心散步，只觉得头晕脑涨，脑子里转着上百种臭味。假如不把它们一一分辨清楚，心里就难受。从那片平房往东看，就是我住的楼房。我已经说过，那楼的楼道不大干净，但已比这片平房强了数百倍。说起来，外地人到京打工，算是我们的客人。让客人住这种地方，真是件不体面的事。成年累月住在这种地方，出门就看到烂鸡肠子，他会有什么样的心境，我倒有点不敢想了。

我以为，假如一个人在生活条件和人际关系上都能感到做人的尊严，他就按一个有尊严的人的标准来行事，像个君子。假如相反，他难免按无尊严人的方式行事，做出些小人的行径。虽然君子应该避恶趋善，不把自己置于没有尊严的地位，但这一条有时我也做不到，也就不好说别人了。前些时候看电视，看到几个“外地来京人员”拿自来水和脏东西对假酱油，为之发指。觉得不但国家该法办这些人，我也该去啐他们一口。但想想人家住在什么地方，受到什么样的对待，又有点理不直气不壮。在这方面，我应该做点事，才好去吐唾沫。后面这几句话已是题外之语。我的意思当然是说，“外地来京人员”假如做餐饮，应该像君子一样行事，让大家吃着放心。这样说话才像个不是“人员”的北京人。

我有些朋友，帮一个扶贫组织工作，在议这样一件事：租借一些空闲的厂房，给“外地来京人员”一个住的地方。我也常去参加议论，连细节都议出来了：那地方不在于有多考究，而在于卫生，有人管理，让大家住着放心。房间虽是大宿舍，但有人打扫；个人的物品有处寄放。厕所要卫生，还要有洗淋浴的地方。各人的床用白布帘子隔起来——我在国外旅行，住过“基督教青年会”一类的地方，就是这个样子的寄宿舍，住在里面不觉得屈尊。对于出门在外的年轻人来说，住这种地方就可以说有了个人尊严，而且达到了国际标准。因为国际标准不光是奢华糜费，还有简朴、清洁、有秩序的一面，我对此颇有心得，因为我在国外是个穷学生，过俭朴的生活，但也不觉得低人一等。这在中国也可以办到嘛。……还有朋友说，这个标准太低。还该有各种训练班，教授求职所需的技能；还要组织些文娱活动。当然，这就更好了。可以想见，“外地来京人员”到了这里，体会到清洁、有序和人对人的关怀，对我们肯定会好一些。这件事从去年六月议起，还在务虚，没有什么务实的迹象。朋友里还有人说，这个寄宿舍应该赢利。我们这些人也不能白说这些事，也该有点好处。我听了觉得不大对劲，就不再参加议论。本文的主旨是说，做餐饮的人要像君子一样行事，把这件事也扯了出来，我恐怕自己是说漏了嘴。

本篇最初发表于1996年第3期《辽宁青年》杂志，发表时题目为《像君子一样行事》。

有关贫穷

国外有位研究发展的学者说：贫穷是一种生活方式——这话很有点意思。他的意思是说，穷人不单是缺钱。你给他钱他也富不起来，他的主要问题是陷到一种穷活法里去了。这话穷人肯定不爱听——我们穷就够倒霉的了，还说这是一种生活方式，这不是拿穷人寻开心又是什么。我本人过够了苦日子，到现在也不富裕，按说该有一个穷人的立场，但我总觉得这话是有道理的。贫穷的确是种生活方式，这种生活方式还有很大的感召力。

我现在住在一楼，窗外平房住了一位退休的大师傅，所以有机会对一种生活方式作一番抵近的观察：这位老先生七十多岁了，是农村出来的，年轻时肯定受过穷，老了以后，这种生活又在他身上复苏了。每天早上五点，他准要起来把全大院的垃圾箱搜个遍，把所有的烂纸捡到他门前——也就是我的窗前。这地方变成了一片垃圾场，飞舞着大量的苍蝇。住在垃圾场里，可算是个标准穷光蛋，而且很不舒服。但这位师傅哪里都不想去，成天依恋着这堆垃圾，拨拉拨拉东，拨拉拨拉西，看样子还真舍不得把这些破烂卖出去。我的屋里气味很坏，但还不全是因为这些垃圾。老师傅还在门前种了些韭菜，把全家人的尿攒起来，经过发酵浇在地里。每回他浇过了韭菜，我就要害结膜炎。二十年前我在农村，有一回走在大路上，前面翻了一辆运氨水的车，熏得我头发都立了起来——从那以后我再没闻到过这么浓烈的骚味。这位老先生捡了一大堆废纸板，不停地往纸板里浇水——纸板吸了水会压秤。但据我所见，这些纸板有一部分很快就变成了霉菌……我倒希望它长点蘑菇，蘑菇的气味好闻些，但它就是不长。我觉得这位师傅没穷到非捡垃圾不可的地步，劝他别捡了，但他就是不听。现在我也不劝了。不但如此，我见了垃圾堆就要多看上一眼——以前我没这种毛病。

我知道旧社会穷人吃糠咽菜，现在这世界上还有不少人吃不上饭、穿不上衣服。没人喜欢挨饿受冻——谁能说饥饿是生活方式呢。但这只是贫穷的一面，另一面则是，贫穷的生活也有丰富的细节，令人神往。就拿我这位邻居来说，这些细节是我们院里的五六十座垃圾箱。他去访问之前，垃圾都在箱里，去过之后，就全到了外面，别人对此很是讨厌。常有人来门前说他，他答之以暧昧的傻笑。另外，他搜集的纸板不全是从垃圾里捡来的。有些是别人放在楼道里的纸箱，人家还要呢，也被他弄了来。物主追到我们这里来说他，他也傻笑上一通。其实他有钱，但他喜欢捡烂纸，因为这种生活比待着丰富多彩——罗素先生曾说，参差多态乃是幸福的本源。也不知是不是这个意思。回收废旧物资是项利国利民的事业，但这么扒拉着捡恐怕是不对的。捡回来还要往里加水，这肯定是种欺诈行为。我很看不惯，决心要想出一种方法，揭穿这种欺骗。我原是学理科的，马上就想出了一种：用两根金属探针往废纸里一插，用一个摇表测废纸的电阻。如果掺了水，电阻必然要降低，然后就被测了出来。我就这么告诉邻居。他告诉我说，有人这么测来着。但他不怕，掺不了水，就往里面夹砖头。摇表测不出砖头来，就得用 X 光机。废品收购站总不能有医院放射科的设备吧？……

我插队时，队里有位四川同学，外号叫波美，但你敢叫他波美他就和你玩命。他父亲有一项光荣的职业：管理大粪场。每天早上，有些收马桶的人把大粪从城里各处运来，送到他那里，他以一毛钱一担的价格收购，再卖给菜农，这些收马桶的人总往粪里掺水——这位大叔憎恶这种行径，像我一样，想出了检验的办法，用波美比重计测大粪的比重。你可能没见过这种仪器：它是一根玻璃浮子，下端盛有铅粒，外面有刻度，放进被测液体，刻度所示为比重。我想他老人家一定做过不少试验，把比重计放进各种各样的屎，才测出了标准大粪的比重。但是这一招一点都不管用：人家先往粪里掺水，再往粪里掺土，掺假的大粪比重一点都不低了。结果是他老人家贻人以笑柄，还连累了这位四川同学。大概你也猜出来了，波美就是波美比重计之简称，这外号暗示他成天泡在大粪里，也难怪他听了要急。话虽如此说，波美和他的外号曾给插友们带来了很多乐趣。

如果说贫穷是种生活方式，捡垃圾和挑大粪只是这种方式的契机。生活方式像一个曲折漫长的故事，或者像一座使人迷失的迷宫。很不幸的是，任何一种负面的生活都能产生很多乱七八糟的细节，使它变得蛮有趣的；人就在这种趣味中沉沦下去，从根本上忘记了这种生活需要改进。用文化人类学的观点来看，这些细节加在一起，就叫做“文化”。有人说，任何一种文化都是好的，都必须尊重。就我们谈的这个例子来说，我觉得这解释不对。在萧伯纳的《英国佬的另一个岛》里，有一位年轻人这么说他的穷父亲：“一辈子都在弄他的那片土、那只猪，结果自己也变成了一片土、一只猪。”要是一辈子都这么兴冲冲地弄一堆垃圾、一桶屎，最后自己也会变成一堆垃圾、一桶屎。所以，我觉得总要想出些办法，别和垃圾、大粪直接打交道才对。

本篇最初发表于1996年第23期《三联生活周刊》杂志。

有关“伟大一族”

有位老同学从美国回来探家，我们俩有七八年没见了。他的情况还不错——虽然薪水不很多，但两口子都挣钱，所以还算宽裕。自从美国一别，他的房子买到了第三所，汽车换到了第四辆，至于PC机，只要听说新出来一种更快的，他马上就去买一台，手上过了多少就没数了。老婆还没有换，也没有这种打算，这正是我喜欢他的地方。虽然没坐过罗尔斯·罗伊斯，没住过棕榈海滩的豪华别墅，手里没有巨额股票，倒有一屁股的饥荒，但就像东北人说的，他起码也“造”了个痛快。我现在房无一间地无一垄，当然只有羡慕的份儿。但我们见面不是光聊这些——这就太过庸俗了。

我们哥儿俩都闯荡过四方，种过地，放过牧，当过工人，二十年前在大学里同窗时，心里都曾燃烧起雄心壮志，要开创伟大的事业。所谓伟大的事业，就是要让自己的梦想成真。那时想了些什么，现在我都不好意思说，只好拿别人做例子。比方说微软公司的大老板比尔·盖茨，年轻时想过：要把当时看着不起眼的微处理机做成一种能用的计算机，让人人都能拥有和使用计算机，这样，科学的时代就真正降临人世了——这种梦想的伟大之处就在这里。现在这种梦想在很大程度上变成了真实，他在其中有很大的贡献，这是值得佩服的。至于他在商业上的成功，照我看还不太值得佩服。还有一个例子是马丁·路德·金曾经高呼，“我有一个梦想”，今天在美国的校园里，有时能看到高大英俊的黑人小伙子和白人姑娘拥抱在一起。从这种特别美丽的景象里，可以体会到金博士梦想的伟大。时至今日，我说多了没有意思，脸上也发热。我只能说，像这样的梦想我们也曾有过。

每个人都有自己的梦想，这些梦想不见得都是伟大事业的起点。鲁迅先生的杂文里提到有这样的人，他梦想的最高境界是在雪天，呕上半口血，由丫环扶着，懒懒地到院子里去看梅花。我看了以后着实生气：人怎么能想这样的事！同时我还想：假如这位先生不那么考究，不要下雪、梅花、丫环搀着等等，光要呕血的话，这件事我倒能帮上忙。那时我是个小伙子，胳臂很有劲儿，拳头也够硬。现在当然不想帮这种忙，过了那个年龄。现在偶尔照照镜子，里面那个人满脸皱纹，我不大认识。走在街上，迎面过来一个庞然大物，仔细从眉眼上辨认，居然是自己当年的梦中情人，于是不免倒吸一口凉气。凉气吸多了就会忘事，所以要赶紧把要说的事说清楚。梦想虽不见得都是伟大事业的起点，但每种伟大的事业必定源于一种梦想——我对这件事很有把握。

现在的青年里有“追星族”、“上班族”，但想要开创伟大事业的人却没有名目，就叫他们“伟大一族”好了。过去这样的人在校园里（不管是中国校园还是美国校园）是很多的。当盖茨先生穿着一身便装，蓬着一头乱发出现在校园里时，和我们当年一样，属于“伟大一族”。刚回中国时，我带过的那些学生起码有一半属伟大一族，因为他们眼睛里闪烁着梦想的光芒。谁是、谁不是这一族，我一眼就能看出来。但这一族的人数是越来越少了，将来也许会像恐龙一样灭绝掉。我问我哥儿们，现在干吗呢，他说坐在那里给人家操作软件包，气得我吼了起来：

咱们这样的人应该做研究工作——谁给他打软件包？但是他说，人家给钱就得了，管它干什么。我一想也对。谁要是给我一年三四万美元让我“打”软件包，我也给他“打”去了。这说明现在连我也不属伟大一族。但在年轻时，我们有过很宏伟的梦想。伟大一族不是空想家，不是只会从众起哄的狂热分子，更不是连事情还没弄清就热血沸腾的青年。他们相信，任何美好的梦想都有可能成真——换言之，不能成真的梦想本身就是不美好的。假如事情没做成，那是做得不得法；假如做成了，却不美好，倒像是一场噩梦，那是因为从开始就想得不对头。不管结局是怎样，这条路总是存在的——必须准备梦想，准备为梦想工作。这种想法对不对，现在我也没有把握。我有把握的只是：确实有这样的一族。

本篇最初发表于 1996 年 2 月 21 日《南方周末》。

有关“给点气氛”

我相信，总有些人会渴望有趣的事情，讨厌呆板无趣的生活。假如我有什么特殊之处，那就是：这是我对生活主要的要求。大约十五年前，读过一篇匈牙利小说，叫做《会说话的猪》，讲到有一群国营农场的种猪聚在一起发牢骚——这些动物的主要工作是传种。在科技发达的现代，它们总是对着一个被叫做“母猪架子”的人造母猪传种。该架子新的时候大概还有几分像母猪，用了十几年，早就被磨得光秃秃的了——那些种猪天天挺着大肚子往母猪架子上跳，感觉有如一坨冻肉被摔上了案板，难免口出怨言，它们的牢骚是：哪怕在架子背上粘几撮毛，给我们点气氛也好！这故事的结局是相当有教育意义的：那些发牢骚的种猪都被劁掉了。但我总是从反面理解问题：如果连猪都会要求一点气氛，那么对于我来说，一些有趣的事情干脆是必不可少。

活在某些时代，持有我这种见解会给自己带来麻烦，我就经历过这样的年代——书书没的看，电影电影没的看。整个生活就像个磨得光秃秃的母猪架子，好在我还发现了一件有趣的事情，那就是发牢骚——发牢骚就是架子上残存的一撮毛。大家聚在一起，你一句，我一句，人人妙语连珠，就这样把麻烦惹上身了。好在我还没有被劁掉，只是给自己招来了很多批评帮助。这时候我发现，人和人其实是很隔膜的。有些人喜欢有趣，有些人喜欢无趣，这种区别看来是天生的。

作为一个喜欢有趣的人，我当然不会放弃阅读这种获得有趣的机会。结果就发现，作家里有些人拥护有趣，还有些人是反对有趣的。马克·吐温是和我一头的，或者还有萧伯纳——但我没什么把握。我最有把握的是哲学家罗素先生，他肯定是个赞成有趣的人。摩尔爵士设想了一个乌托邦，企图给人们营造一种最美好的生活方式，为此他对人应该怎样生活做了极详尽的规定，包括新娘新郎该干点什么——看过《乌托邦》的人一定记得，这个规定是：在结婚之前，应该脱光了身子让对方看一看，以防身上暗藏了什么毛病。这个用意不能说不好，但规定得如此之细就十足让人倒胃，在某些季节里，还可能导致感冒。罗素先生一眼就看出乌托邦是个母猪架子，乍看起来美轮美奂，使上一段，磨得光秃秃，你才会知道它有多糟糕——他没有在任何乌托邦里生活过，就有如此见识，这种先知先觉让人佩服得五体投地。他老人家还说，须知参差多态，乃是幸福的本源。反过来说，呆板无趣就是不幸福——正是这句话使我对他有了把握。一般来说，主张扼杀有趣的人总是这么说的：为了营造至善，我们必须做出这种牺牲。但却忘记了让人们活着得到乐趣，这本身就是善；因为这点小小的疏忽，至善就变成了至恶……

这篇文章是从猪要求给点气氛说起的。不同意我看法的人必然会说，人和猪是有区别的。我也认为人猪有别，这体现在人比猪要求得更多，而不是更少。除此之外，喜欢有趣的人不该像那群种猪一样，只会发一通牢骚，然后就被阉掉。这些人应该有些勇气，做一番斗争，来维护自己的爱好。这个道理我直到最近才领悟到。

我常听人说：这世界上哪有那么多有趣的事情。人对现实世界有这种评价、这种感慨，恐怕不能说是错误的。问题就在于应该做点什么。

这句感慨是个四通八达的路口，所有的人都到达过这个地方，然后在此分手。有些人去开创有趣的事业，有些人去开创无趣的事业。前者以为，既然有趣的事不多，我们才要做有趣的事。后者经过这一番感慨，就自以为知道了天命，此后板起脸来对别人进行说教。我以为自己是前一种人，我写作的起因就是：既然这世界上有趣的书是有限的，我何不去试着写几本——至于我写成了还是没写成，这是另一个问题，我很愿意就这后一个问题进行讨论，但很不愿有人就头一个问题来和我商榷。前不久有读者给我打电话，说：你应该写杂文，别写小说了。我很认真地倾听着。他又说：你的小说不够正经——这话我就不爱听了。谁说小说非得是正经的呢。不管怎么说吧，我总把读者当做友人，朋友之间是无话不说的：我必须声明，在我的杂文里也没什么正经。我所说的一切，无非是提醒后到达这个路口的人，那里绝不是只有一条路，而是四通八达的。你可以做出选择。

本篇最初发表于1996年第10期《三联生活周刊》杂志。

生活和小说

罗素先生曾说，从一个假的前提出发，什么都能够推论出来，照我看这就是小说的实质。不管怎么说，小说里可以虚构。这就是说，在一本小说里，不管你看到什么千奇百怪的事，都不应该诧异，更不该指责作者违背了真实的原则，因为小说就是假的呀。

据说罗素提出这一命题时，遭到了好多人的诘难。我对逻辑知道得不多，但我是罗素先生热烈的拥护者。这是因为除了写小说，我还有其他的生活经验。比方说，做几何题。做题时，有时你会发现各种千奇百怪的结果不断地涌现，这就是说，你已经出了一个错，正在假的前提上推理。在这种情况下，你不仅可以推出三角形的内角之和超过了一百八十度，还可以把现有的几何学知识全部推翻。从做题的角度出发，你应该停止推论，从头检查全部过程，找到出错的地方，把那以后的推论全部放弃。这种事谁都不喜欢。所以我选择了与真伪无关的职业——写小说。凭良心说，我喜欢千奇百怪的结果——我把这叫做浪漫。但这不等于我就没有能力明辨是非了。

生活里浪漫的事件很多。举例言之，二十四年前，我作为知识青年上山下乡去了。以此为契机，我的生活里出现了无数千奇百怪的事情，故而我相信这些事全都出自一个错误的前提。现在我能够指出错出在什么地方：说我当时是知识青年，青年是很够格的（十六岁），知识却不知在哪里。用培根的话来说，知识就是力量，假如我们真有知识，到哪里都有办法。可怜那时我只上了七年学，如果硬说我有什么知识，那只能是对“知识”二字的诬蔑。不管怎么说，这个错误不是我犯的，所以后来出了什么事，都不由我负责。

因为生活对我来说，不是算草纸，可以说撕就撕，所以到后来我不再上山下乡时，已经老了好多。但是我的生活对于某些人来说却的确是算草纸，可以拿来乱写乱画。其实我又算得了什么，不过是千万人中的一个。像上山下乡这样的事，过去有，现在有，将来保不准还会有的。对此当然要有个正确的态度，用上纲上线的话来说，就叫做“正确对待”。这种态度我已经有了。

我们不妨把过去的生活看做小说，把过去的自己看成小说中的人物，这样心情会好得多。因为不管怎么说，那都是从假命题开始的推理，不能够认真对待。如果这样看待自己的过去，就能看出不少可歌可泣的地方。至于现在和未来是不是该这样看待，则要看现在是不是还有错误的前提存在。虽然我们并不缺少明辨是非的能力。凭良心说，我希望现实的世界在理性的世界里运作，一点毛病都没有。但是像这样的事，我们自己是一点也做不了主的。

现在的人不大看小说了，专喜欢看纪实文学。这说明我们的生活很有趣味，带有千奇百怪的特征。不管怎么说，有趣的事多少都带点毛病，不信你看有趣的纪实文学，总是和犯罪之类的事有关系。假如这些纪实文学纪的都是外国，那倒是无所谓，否则不是好现象。至于小说越来越不好看，则有另外的原因。这是因为有人要求它带有正确性、合理性、激励人们向上等等，这样的小说肯定无趣。换言之，那些人用现实所应有的性质来要求小说、电影等等。我听人说，这样做的原因是小说和电影比现实世界容易管理，如此说来，这是出于善良的动机，正如堂·吉诃德挑风车也是出于善良的动机。但是这样做的结果却很不幸。因为现实世界的合理性里就包括有有趣的小说和电影，故而这样做的结果是使现实世界更加不合理了。由于这些人士的努力，世界越来越不像世界，小说越来越不像小说。我们的处境正如老美说的，在 middle of nowhere（荒野之中）。这是小说发生的地方，却不是写小说的地方。

我看老三届

我也是“老三届”，本来该念书的年龄，我却到云南挖坑去了。这件事对我有害，尚在其次，还惹得父母为此而忧虑。有人说，知青的父母都要因儿女而减寿，我家的情况就是如此。做父母的总想庇护未成年的儿女，在特殊年代里，无力庇护，就代之以忧虑。身为人子，我为此感到内疚，尤其是先父去世后更是如此。当然，细想起来，罪不在我，但是感情总不能自已。

在上山下乡运动中，两千万知青境遇不同。有人感觉好些，有人感觉坏些。讨论整个老三届现象，就该把个人感情撇除在外，有颗平常心。老三届的人对此会缺少平常心，这是可以理解的。从历史的角度来看，这件事极不寻常。怎么就落在我们身上，这真叫活见鬼了。人生在什么国度，赶上什么样的年月，都不由自己来决定。所以这件事说到底，还是造化弄人。

上山下乡是件大坏事，对我们全体老三届来说，它还是一场飞来的横祸。当然，有个别人可能会从横祸中得益，举例来说，这种特殊的经历可能会有益于写作，但整个事件的性质却不可因此混淆。我们知道，有些盲人眼睛并没有坏，是脑子里的病，假如脑袋受到重击就可能复明。假设有这样一位盲人扶杖爬上楼梯，有个不良少年为了满足自己无聊的幽默感，把他一脚踢了下去，这位盲人因此复了明，但盲人滚下楼梯依然是件惨痛的事。尤其是踢盲人下楼者当然是个下流坯子，决不能因为该盲人复明就被看成是好人。这是一种简单的逻辑，大意是说，坏事就是坏事，好事就是好事，让我们先言尽于此。至于坏事可不可以变成好事，已经是另一个问题了。

我有一位老师，有先天的残疾，生下来时手心朝下，脚心朝上，不管自己怎么努力，都不能改变手脚的姿态。后来他到美国，在手术台上被人大卸八块又装了起来，勉强可以行走，但又多了些后遗症。他向我坦白说，对自己的这个残疾，他一直没有平常心：我在娘胎里没做过坏事，怎么就这样被生了下来？后来大夫告诉他说，这种病有六百万分之一的发生几率，换言之，他中了个一比六百万的大彩。我老师就此恢复了平常心。他说：所谓造化弄人，不过如此而已。这个彩我认了。他老人家在学术上有极大的成就，客观地说，和残疾是有一点关系的：因为别人玩时他总在用功。但我没听他说过：谢天谢地，我得了这种病！总而言之，在这件事上他是真正地有了平常心。顺便说一句，他从没有坐着轮椅上台“讲用”。我觉得这样较好。对残疾人的最大尊重，就是不把他当残疾人。

坦白地说，身为老三届，我也有没有平常心的时候，那就是在云南挖坑时。当时我心里想：妈的！比我们大的可以上大学，我们就该修理地球？真是不公平！这是一类想法。这个想法后来演变成：比我们小的也直接上大学，就我们非得先挖坑后上学，真他妈的不公平。另一类想法是：我将来要当作家，吃些苦可能是大好事。陀思妥耶夫斯基还上过绞首台哪。这个想法后来演变成：现在的年轻人没吃苦，也当不了作家。这两种想法搅在一起，会使人彻底糊涂。现在我出了几本书，但我却以为，后一种想法是没有道理的。假定此说是有理的，想当作家的人就该时常把自己吊起来，想当历史学家的人就该学太史公去掉自己的男根，想当音乐家的人就该买个风镐来家把自己震聋，以便像贝多芬，想当画家的人就该割去自己的耳朵，混充凡·高。什么都想当的人就得把什么都去掉，像个梆子，听起来就不是个道理。总的来说，任何老三届优越的理论都没有平常心。当然，我也反对任何老三届恶劣的说法。老三届正在壮年，耳朵和男根齐备，为什么就不如人。在身为老三届这件事上，我也有了平常心：不就是荒废了十年学业吗？这个彩老子也认了。现在不过四十来岁，还可以努力嘛。

现在来谈谈那种坏事可以变好事，好事也可以变坏事的说法。它来源于伟人，在伟大的头脑里是好的，但到了寻常人的头脑里就不起好作用，有时弄得人好赖不知，香臭不知。对我来说，好就是好，坏就是坏，这个逻辑很够用。人生在世，会遇到一些好事，还会遇上些坏事。好事我承受得起，坏事也承受得住。就这样坦荡荡做个寻常人也不坏。

本文是对《中国青年研究》第四期上彭泗清先生文章的回应。坦白地说，我对彭先生的文章不满，起先是因为他说了老三届的坏话。在我看来，老三届现象、老三届情结，是我们这茬人没有平常心造成的。人既然不是机器，偶尔失去平衡，应该是可以原谅的。但是仔细想来，“文革”过了快二十年了，人也不能总是没有平常心哪，老三届文人的一些自我吹嘘的言论，连我看着都肉麻。让我们先言尽于此：对于彭先生所举老三届心态的种种肉麻之处，我是同意的。

然后再说说我对彭先生的不满之处。彭先生对老三届的看法是否定的，对此我倒不想争辩，想争的是他讲出的那一番道理。他说老三届有种种特殊遭遇，所以他们是些特殊的人；这种特殊的人不怎么高明——这是一种特别糟糕的论调。翻过来，说这种特殊的人特别好，也同样地糟。这个论域貌似属于科学，其实属于伦理；它还是一切法西斯和偏执狂的策源地。我老师生出来时脚心朝上，但假如说的不是身体而是心智，就不能说他特殊。老三届的遭遇是特别，但我看他们也是些寻常人。对黑人、少数民族、女人，都该做如是观。罗素先生曾说，真正的伦理原则把人人同等看待。我以为这个原则是说，当语及他人时，首先该把他当个寻常人，然后再论他的善恶是非。这不是尊重他，而是尊重“那人”，从最深的意义上说，更是尊重自己——所有的人毕竟属同一物种。人的成就、过失、美德和陋习，都不该用他的特殊来解释。You are special（你很特别），这句话只适于对爱人讲。假如不是这么用，也很肉麻。

本篇最初发表于 1995 年第 6 期《中国青年研究》杂志，发表时题目为《以平常心看老三届》。

苏东坡与东坡肉

我父亲是教逻辑的教授，我哥哥是修逻辑的 Ph. D.（学术博士）。我自己对逻辑学也有兴趣，这种兴趣是从对逻辑学家的兴趣发展来的：20 世纪初年，罗素发现了以自己名字命名的悖论，连忙写信告诉弗雷泽，顺便通知弗雷泽，他经营了半生的体系，因为这个悖论的发现有了重大的漏洞。弗雷泽考虑了一番，回信说：我要是知道什么是正确的结论就好了……我觉得这个弗雷泽简直逗死了，他要是有女儿，我一定要娶了做老婆，让他做我的老岳丈。话又说回来，就算弗雷泽有女儿，做我的姥姥一定比做老婆合适得多。这样弗雷泽就不是我的老岳丈，而是我的曾外公啦。我在美国上学时还遇见过一件类似的事：有一回在课堂上，有个胖乎乎的女同学在打瞌睡，忽然被老师叫起来提问。可怜她根本没听，怎么能答得上来。在美国，不但老师可以问学生，学生也可以问老师。万一老师被问住，就说一句：问得好！不回答问题，接着讲课。这位女同学迷迷糊糊，拖着长声说道：This is a good question.（问得好）……差点把大家的肚皮笑破。下课后，我打量了她好半天，发现她太胖，又有狐臭，这才打消了不轨之心——弗雷泽就有这么逗。让我们书归正传，另一个有趣的逻辑学家是维特根斯坦，罗素请他来英国，研究一下出书的问题。维特根斯坦没有路费，又不肯朝罗素借。最后罗素买下了维特根斯坦留在剑桥的一些旧家具——我觉得他们俩都很逗。受这种浅薄的幽默感驱使，我学过数理逻辑，开头还有兴趣，后来学到了烦难的东西，就学不进去了。

我对数学也有过兴趣，这种兴趣是从对方程的兴趣发展来的。人们老早就知道二次方程有公式解，但二次以上的方程呢？在十九世纪以前，人们是不知道的。在十七世纪，有个意大利数学家，又是一位教授，他对三次方程的解法有点心得。有天下午，外面下着雨，在教室里，他准备对学生讲讲这些心得。忽听“咔嚓”一声巨响，天上打下来个落地雷，擦着教室落在花园里——青色的电光从狭窄的石窗照进来，映得石墙上一片惨白。教授手捂着心口，对学生们转过身来，说道：先生们，我们触及了上帝的秘密……我读到这个故事时，差点把肠子笑断了。三次方程算个啥，还值得打雷——教授把上帝看成个小心眼了。数学我也学了不少，学来学去没了兴趣，也搁下了。类似的学科还有物理学、化学，初学时兴趣都很大，后来就没兴趣了，现在未必记得多少。

总而言之，我对研究学问这件事和研究学问的人有兴趣，对这门学问本身没什么兴趣。所有的功课我都是这么学的，但我的成绩竟都是五分。只有一门功课例外，那就是计算机编程。我学的时候还要穿纸带，没意思透了。这一门学科里没有名人逸事，除了这门科学的奠基人图林先生是同性恋，败露后自杀了。我既不是同性恋，也不想自杀，所以我对计算机没兴趣，得的全是三分。但我现在时常用得着它，所以还要买书看看，关心一下最新的进展，以免用时抓瞎。这是因为我写文章的软件是自己编的，别人编的软件我既使不惯，也信不过，就这么点原因。但就因为这点小原因，我在编程序这件事上，还真正有点修为。由此可见，对研究某种学问这件事感兴趣和对这门学问本身感兴趣可以完全是两回事。

这篇小文章想写我的心路历程，但有一件别人的事情越过了这个历程，我决定也把它写上。“文革”中期，我哥哥去看一位多年不见的高中同学。走进那间房子，我哥哥被惊呆了：这间房子有整整的一面墙被巨幅的世界地图占满了。这位同学身着蓝布大褂，足蹬布底的黑布鞋，手掂红蓝铅笔，正在屋里踱步，而且对家兄的出现视而不见。据家兄说，这位先生当时梳了个中分头，假如不拿红蓝铅笔，而是挟着把雨伞，就和那张伟大领袖去安源的画一模一样了。我哥哥耐心地等待了一会儿，才小声问道：能不能请教一下……你这是在干吗呢？他老人家不理我哥哥，又转了两圈，才把手指放到嘴上，说道：嘘，我在考虑世界革命的战略问题。然后我哥哥就回家来，脸皮乌紫地告诉我此事。然后我们哥儿俩就捧腹大笑，几乎笑断了肠子……

罗素、弗雷泽研究逻辑，是对逻辑本身感兴趣，要解决逻辑领域的问题，正如毛主席投身革命事业，也是对革命本身感兴趣，要解决中国社会的问题。在解决问题的过程中，这些先辈自然会有些事迹，让人很感兴趣。如果把对问题本身的兴趣抹去，只追求这些事迹，就显得多少有点不对头。所以，真正有出息的人是对名人感兴趣的东西感兴趣，并且在那上面做出成就，而不是仅仅对名人感兴趣。

古时候有位书生，自称是苏东坡的崇拜者。有人问他：你是喜欢苏东坡的诗词呢，还是喜欢他的书法？书生答道：都不是的。我喜欢吃东坡肉……东坡肉炖得很烂，肥而不腻，的确很好吃。但只为东坡肉来崇拜苏东坡，这实在是个太小的理由。

本篇最初发表于 1996 年第 20 期《三联生活周刊》杂志。

驴和人的新寓言

在一则寓言里，有两个人和一头驴走在路上。这两个人是父子关系，这头驴是他们的财产。这故事很老，想必你已经听过，但都是从人的角度来讲的，现在我把它从驴的角度重新讲过。对于四足动物来说，能在路上走总比被拴在树上要强。何况春日融融，两个人都没有骑在它身上，所以它感到很幸福。我不知道驴子知不知道这样一句古话，叫做“乐极生悲”，但这意思它绝不陌生。走着走着，遇到一伙人，嘀咕了几句，儿子就骑到它身上来了。读过这则寓言的人必然知道，他们遇到了一伙农妇，她们说，瞧这两个笨伯，有驴不骑，自己走路。按照人的概念，这伙娘们是在下蛆、使坏。但驴子毫无怨言：它被人骑惯了。

文章写到了这里，我忽然想到要做点自我介绍。我是个半老不老的学究，已经活满了四张，正往五张上活着。我现在是个自由撰稿人，过着清贫的生活。我挣钱不多，和大多数中国人一样，既没有洋房，也没有汽车。我的稿子发在刊物上，只有光秃秃的一个名字，没有一对括号，里面写着美国。基于这些状况，我和那头驴一样知道自己傻，写个文章也本分，绝不敢起那种取巧的题目：“人眼看驴”，或者“第三只眼睛看中国”。闲话少说，让我们来讲这个故事：驴载着人往前走，又遇到了第二伙人，又嘀咕了几句，儿子就从驴背上下来，换了老头骑着。驴子知道自己傻，所以谁爱骑谁骑，它一句话都不说。

在寓言的原本里，驴子遇到的第二伙人说：瞧这少年人，骑在驴身上趾高气扬，让老父亲在后面跟着。人心不古，世道浇漓，到了何等地步。老年人的屁股硬一些，但对驴来说也没有什么。糟就糟在又遇上了第三伙人，这是一伙少妇，七嘴八舌地说：这个老头太可恨，自己骑驴舒服了，全不顾自己的孩子，让他拿两条腿来撵你们四条腿。从驴的角度来看，这话讲得没道理，什么“你们”？这四条腿都是我的！既然此驴不骑不可，谁骑也不可，两个人商量了一下，干脆就一齐骑上。一只小毛驴，背才是多大的地方。老头骑着脖子，小孩骑着屁股。驴子难免要嘀咕道：我就是傻，你们也不能这么欺负我。你来试试看，这让我怎么走路？

我既是个学究，就要读书。现在的书刊内容丰富，作者名字前面有括号的全是重要文章。有的谈新儒学，有的谈后现代，扯着扯着就扯到了治国之策。当然，这路文章的实质不是和我们商量怎么受治之策，而是和别人商量怎么治我们，这就和驴耳朵里听见人嘀咕一样，虽然听不懂，但准知道没好事。当年苏联解体，有美国人乘飞机跑到俄国去，出个主意要大伙休克——他自己当然不休克。再早些时候，红色高棉打了天下，中国就有人给他们出主意，那就不仅是要人家休克。总而言之，我看到带括号的文章，满脊梁都是鸡皮疙瘩，联想到那寓言的最后一幕。

这头驴又遇到了最后一伙人，这些人对骑驴者说：两人骑一头驴，你们想吃驴肉吗？从驴的角度来看，挨杀被吃肉倒也好了。骑在驴背上的人跳下驴背，一个揪耳朵，一个扯尾巴，把它四条腿捆在一起，穿过一根大杠子，倒扛起来，摇摇晃晃地上了路。那驴头在下，脚在上，它又不是蝙蝠，怎能待得惯。何况它四个蹄子痛入骨髓，所以大叫起来，但编寓言的人不肯翻译一下它喊些什么。我这篇文章要替驴说话，所以当翻译义不容辞——它喊的是：我得罪谁了，你们这么捏咕我！原苏联境内的休克者、高棉境内的冤魂也都这么嚷着。编寓言的人还编出一个寓意，是："走自己的路，让别人去说。"考虑到驴的惨状，真不知是何心肝。我的寓意却是："闭上你的臭嘴，让别人走路。"当然，还有个寓意也说得通：别当驴受人捏咕，要当捏咕驴的人——就算损人不利己，起码也赚了个开心。但这种寓意只适于狠毒的人。

愚人节有感

我写这篇文章时，正逢四月一日，哪天登出来我就不知道了。这一天西方的报刊总会登出些骇人听闻的新闻，比方说几年前，英国一家有名的科学刊物登出一则消息说：英国科学家把牛的基因和西红柿的基因融合在一起，培育出一种牛西红柿。这种西红柿吃起来当然是番茄牛腩的味道。西红柿的皮扒下来可以做鞋子，有些母的西红柿会滴下白色的液体，可以当牛奶来喝，也可以做乳酪。午夜时分从西红柿地边上经过，可以听见阵阵牛鸣，好像是闹鬼一般。咱们国家的一些报纸转载了这条消息，还敦促我国的生物学家一定要迎头赶上——但他们好像还没赶上，因为市面上没有卖西红柿皮鞋的。这是好几年前的事了，可能还有人记得。今天英国报纸上有一则古怪新闻，说要割让他们的北爱尔兰来换我们的香港，这居心何其毒也——谁不知道北爱尔兰是老大一堆的麻烦。早上我打开电子信箱，发现有一老友发来《妖魔化中国》一书的摘要和背景材料，要我写篇评论文章，顿时把我气得脸青——这种娄子我捅过了一次还不够么？想要害死我也不是这么种害法嘛。后来看看日历，火又消了。今天是愚人节呀。

虽然今天是愚人节，我也不敢再妄评新书了。说本老书吧。我看过的第一本“字书”是《吹牛大王历险记》。说老实话，这书还不能算完全的字书，因为有一半是字，另一半是画。其中有些故事很适合在今天讲：吹牛大王在森林里打猎，遇上一头鹿，可叹的是手边没有子弹，只好把樱桃核发射出去，打在鹿额头上，鹿跑了。过几天在森林里遇到该鹿，它头上长出了一棵樱桃树。大王一枪把它放倒，饱餐了一顿烤鹿肉加一顿鲜樱桃。假如这是真的，很有必要给每个人头上都打进一颗樱桃核——出门不用带阳伞了。另一个故事更加神妙：吹牛大王在森林里遇上了一只美丽的狐狸，就是用最小号的枪弹去打，也难免会伤损皮毛。他射出了一根大针，把狐狸尾巴钉牢在树上，然后折了一根树条，狠揍了狐狸一顿。狐狸吃打不过，只好从它自己的嘴里跳出去跑掉了。吹牛大王得到了一张完美无缺的皮毛——至于那没有皮的狐狸怎样了，故事里没有讲到。我想它应该死于肺炎——没皮的狐狸很容易着凉。但这么一讲又很没意思了。在愚人节里我想到这么一个道理：要编故事，就不妨胡编乱造——愚人节的新闻看起来也蛮有意思。要讲真事就不能胡编乱造：虽然没意思，但是有价值。把两样事混在一起就一定不好：既没有意思，又没有价值。当然，这篇有感正好是把两样事混在一起来讲。所以它既没有意思，也没有价值。

写给新的一年(1996年)

我们读书、写作——1995年就这样过去了。这样提到过去的一年，带点感慨的语调，感叹生活的平淡。过去我们的生活可不是这样平淡。在我们年轻时，每一年的经历都能写成一本书，后来只能写成小册子，再后来变成了薄薄的几页纸。现在就是这样一句话：读书、写作。一方面是因为我们远离了动荡的年代，另一方面，我们也喜欢平淡的生活。对我们来说，这样的生活就够了。

九十年代之初，我们的老师——一位历史学家——这样展望二十一世纪：理想主义的光辉已经暗淡，人类不再抱着崇高的理想，想要摘下天上的星星，而是把注意力放到了现实问题上去。当一切都趋于平淡，人类进入了哀乐中年。我们都不是历史学家，不会用这样宏观的态度来描述世界；但这些话也触动了我们的内心。过去，我们也想到过要摘下天上的星星，而现在我们的生活也趋于平淡。这是不是说，我们也进入了哀乐中年？假设如此，倒是件值得伤心的事。一位法国政治家说过这样一句话：一个人在二十岁时如果不是激进派，那他一辈子都不会有出息；假如他到了三十岁还是个激进派，那他也不会有什么大出息。我们这样理解他的话：一味地勇猛精进，不见得就有造就；相反，在平淡中冷静思索，倒更能解决问题。

很多年轻人会说：平淡的生活哪里有幸福可言。对此，我们倒有不同的意见。罗素先生曾说：真正的幸福来自于建设性的工作。人能从毁灭里得到一些快乐，但这种快乐不能和建设带来的快乐相比。只有建设的快乐才能无穷无尽，毁灭则有它的极限。夸大狂和自恋都不能带来幸福，与此相反，它正是不幸的源泉。我们希望能远离偏执，从建设性和创造性的工作中获取幸福。创造性工作的快乐只有少数人才能获得，而我们恰恰有幸得到了可望获得这种快乐的机会——那就是做一个知识分子。

转眼之间，我们从国外回来已经快八年了。对于当初回国的决定，我们从没有后悔过。这丝毫不说明我们比别人爱国。生活在国内的人，对祖国的感情反倒不像海外学人表现得那么强烈。假如举行爱国主义征文比赛，国内的人倒不一定能够获奖。人生在世，就如一本打开的书；我们更希望这本书的主题始终如一，不希望它在中途改变题目——到外文化中生活，人生的主题就会改变。与此同时，我们也希望生活更加真切，哪怕是变得平淡也罢，这就是我们回国的原因。这是我们的选择，不见得对别人也适用。

假如别人来写这篇文章，可能是从当前的大好形势谈起，我们却在谈内心的感受。你若以为这种谈法层次很低，那也不见得。假如现在形势不大好，我们也不会改变对这个国家的感情。既然如此，就不急着提起。顺便说说，现在国家的形势当然是好的。但从我们的角度看来，假如在社会生活里再多一些理性的态度，再多一些公正和宽容，那就更好了。

随着新年钟声响起，我们都又长了一岁。这正是回顾和总结的时机。对于过去的一年，还有我们在世上生活的这些年，总要有句结束语：虽然人生在世会有种种不如意，但你仍可以在幸福与不幸中做选择。

写给新的一年（1997年）

又到了新的一年。一年年地过得真快。转眼之间四十多年就过去了，真让人不敢相信。在新年来临之际，本来该讲点凑趣的话，但我偏偏想起自己见过的种种古怪事来。我小的时候，大概是六七岁时吧，见过一件有趣的事：当时的成年人都在忙着做一种叫做“超声波”的东西。比我年长的人一定记得更清楚：用一根铁管砸出个扁口来，再在扁口的尖上装上刀片。据说冷水从扁口里冲出来，射在刀片上，就能产生振荡，发出超声波来，而超声波不仅能蒸馒头，更能使冷水变热。假如这超声波能起作用，那么我们肯定不会缺少热水——何止是不会缺少热水，简直是可以解决一切能源问题。那时公共澡堂的浴池里到处埋伏着这种东西，去洗澡时可要小心，一不留神就会把屁股割破，水会因此变红，但也没因此变热——到现在我们洗热水澡还要用煤气来烧，看来这超声波是不起作用的——这也没有什么。奇怪的是这件事就没了下文，再也没人提，好像是我自己梦到了这件东西，就是这件事让我感到奇怪。

另一件事情发生在二十多年前，当时我是个知青，从乡下回来，凌晨赶头一班电车回家。走到胡同口，那儿有家小医院。在朦胧的曙光里，看到好多人在医院门前排队。每个人都挎了个篮子，篮子盛着一只雄赳赳的大公鸡。当时我以为那家医院已经关了门，把房子让给了禽类加工站，这些人等着加工站的人帮他们宰鸡。谁知不是的，他们在等医院的人把鸡血抽出来，打进他们的血管里。据说打过鸡血之后，人会变得精神百倍，返老还童。排队的人还告诉我说，在所有的动物中，公鸡的精神最旺，天不亮就起来打鸣，所以注射公鸡血会有很神奇的作用——但我不明白起早打鸣有什么了不起，猫头鹰还整夜不睡呢。那一阵子每天早上五点钟我准会被打鸣声吵醒，也不知是鸡打鸣还是人打鸣——假如打鸡血会使人精神旺盛得像只公鸡，可能他也会在五点钟起来打鸣，这样就省了闹钟了。当然，这件事也没了下文，忽然间没人再打鸡血，也没人再提到打鸡血的事，又好像是我在做梦。

假如我不是从六岁起就在做梦，一直梦到了如今，这两件事情就值得在岁末年初时提起：我记得人们一直在发明各种诀窍，企图用它们解决重大的现实问题。用小煤炉子炼钢，用铁管做超声波哨子，用这些古怪的方法解决现代工业才能解决的问题。把鸡血打进血管，每天喝掉好几盆凉开水，早上起来站在路边甩手不休，用这些方法解决现代医学解决不了的问题——既然说到了甩手，就不如多说几句：有一阵子盛传甩手治百病，到处都是站着甩手的人，好像一些不倒翁。可能你也甩过，只是现在不记得了。忽然间就不让甩了，据说有个恶毒的反革命分子发明了这种动作，以此来传达一种恶毒的寓意：让全国人民都甩手不干了。现在最新的诀窍是：假如你得了癌症，不必去医院，找个大气功师来，他可以望空抓上一把，把这个癌抓出来。这些诀窍在科学面前，只能用古怪二字来形容。但我说到的这些还不是最大的古怪。最大的古怪是在知识的领域里。

不知道人们记不记得，“文化大革命”里有过一个工农兵学哲学的浪潮。据说哲学就是聪明学，学了哲学人就会变得很聪明，可以解决一切问题。假如真能耐着性子把哲学学会，人也许能够变得聪明一些。但当时的人学的并非真正的哲学，而是一些很简单的咒语和小诀窍。怀疑这些诀窍是很不聪明的：你会被打成落后分子，甚至是反革命。我虽然很革命，但总不相信在这些咒语里包含了很多的聪明，不管怎么说吧，这种古怪就这样诞生了。时至今日，文化人总在不断地发现新的咒语和诀窍，每发现一个，就像电影《地雷战》里那个反面角色那样兴冲冲地奔走相告：地雷的秘密我知道了！在这种一惊一乍的气氛中，我们知道了“第三次浪潮”、“后现代”，还知道了不管说点什么，都要从文化的角度去说；只要从这个角度去说，那你就是很聪明的。作为一个知识分子，我对文化、浪潮等等抱有充分的尊敬，对哲学和文化人类学也很有兴趣。我不满意的只是在知识领域里的这种古怪现象：它和超声波哨子、打鸡血是同一类的东西。热起来人人都在搞，过后大家都把它忘掉。最后只剩下我一个人记着这些事情，感觉很是寂寞。

我说起种种古怪的事来，总该有个结论。据我所见，诀窍和真正的知识是不同的。真正的知识不仅能说明一件事应该怎样做，还能说明为什么要这样做。而那些诀窍呢，从来就说不出为什么，所以是靠不住的。能使人变聪明的诀窍是没有的。倒是有种诀窍能使人觉得自己变聪明了，实际上却变得更笨。人应该记住自己做过的聪明事，更该记得自己做的那些傻事——更重要的是记住自己今年几岁了，别再搞小孩子的把戏。岁末年初，总该讲几句吉利话：但愿在新的一年里，我们能远离一切古怪的事，大家都能做个健全的人——我实在想不出有什么话比这句话更吉利。

本篇最初发表于 1997 年 1 月 3 日《光明日报》。

附录一　诗人之爱

我和你分别以后才明白，原来我对你爱恋的过程全是在分别中完成的。就是说，每一次见面之后，你给我的印象都使我在余下的日子里用我这愚笨的头脑里可能想到的一切称呼来呼唤你。比方说，这一次我就老想到：爱，爱呵。你不要见怪：爱，就是你啊。

你不在我眼前时，我面前就好像是一个雾沉沉、阴暗的海，我知道你在前边的一个岛上，我就喊："爱！爱呵！"好像听见了你的回答："爱。"

以前骑士们在交战之前要呼喊自己的战号。我既然是愁容骑士，哪能没有战号呢。我就傻气地喊一声："爱，爱呵。"你喜欢傻气的人吗？我喜欢你爱我又喜欢我呢。

你知道吗，郊外的一条大路认得我呢。有时候，天蓝得发暗，天上的云彩白得好像一个凸出来的拳头。那时候这条路上就走来一个虎头虎脑、傻乎乎的孩子，他长得就像我给你那张相片上一样。后来又走过来一个又黑又瘦的少年。后来又走过来一个又高又瘦又丑的家伙，涣散得要命，出奇地喜欢幻想。后来，再过几十年，他就永远不会走上这条路了。你喜欢他的故事吗？

王小波　1978 年

以下书信写于1978年李银河去南方开会期间

(一)

你好哇，李银河。你走了以后我每天都感到很闷，就像堂吉·诃德一样，每天想念托波索的达辛尼亚。请你千万不要以为我拿达辛尼亚来打什么比方。我要是开你的玩笑天理不容。我只是说我自己现在好像那一位害了相思病的愁容骑士。你记得塞万提斯是怎么描写那位老先生在黑山里吃苦吧？那你就知道我现在有多么可笑了。

我现在已经养成了一种习惯，就是每三二天就要找你说几句不想对别人说的话。当然还有更多的话没有说出口来，但是只要我把它带到了你面前，我走开时自己就满意了，这些念头就不再折磨我了。这是很难理解的是吧？把自己都把握不定的想法说给别人是折磨人，可是不说我又非常闷。

我想，我现在应该前进了。将来某一个时候我要来试试创造一点美好的东西。我要把所有的道路全试遍，直到你说“算了吧王先生，你不成”为止。我自觉很有希望，因为认识了你，我太应该有一点长进了。

我发觉我是一个坏小子，你爸爸说的一点也不错。可是我现在不坏了，我有了良心。我的良心就是你。真的。

你劝我的话我记住了。我将来一定把我的本心拿给你看。为什么是将来呢？啊，将来的我比现在好，这一点我已经有了把握。你不要逼我把我的坏处告诉你。请你原谅了这一点男子汉的虚荣心吧。我会在暗地里把坏处去掉。我要自我完善起来。为了你我要成为完人。

王小波　5月20日

（二）

你好哇，李银河。今天我诌了一首歪诗。我把它献给你。这样的歪诗实在拿不出手送人，我都有点不好意思了。

今天我感到非常烦闷
我想念你
我想起夜幕降临的时候
和你踏着星光走去
想起了灯光照着树叶的时候
踏着婆娑的灯影走去
想起了欲语又塞的时候
和你在一起
你是我的战友
因此我想念你
当我跨过沉沦的一切
向着永恒开战的时候
你是我的军旗

过去和你在一块儿的时候我很麻木。我有点两重人格，冷漠都是表面上的，嬉皮也是表面上的。承认了这个非常不好意思。内里呢，很幼稚和傻气。啊哈，我想起来你从来也不把你写的诗拿给我看。你也有双重人格呢。萧伯纳的剧本《匹克梅梁》里有一段精彩的对话把这个问题说得很清楚：

息金斯：杜特立尔，你是坏蛋还是傻瓜？

杜特立尔：两样都有点，老爷。但凡人都是两样有一点。

当然你是两样一点也没有。我承认我两样都有一点：除去坏蛋，就成了有一点善良的傻瓜；除去傻瓜，就成了愤世嫉俗、嘴皮子伤人的坏蛋。对你我当傻瓜好了。祝你这一天过得顺利。

王小波　21 日

（三）

你好哇，李银河。今天又写信给你。我一点也不知道你在干什么，所以就不能谈论你的工作。那么怎么办呢？还是来谈论我自己。这太乏味了。我自觉有点厚颜，一点也听不见你的回答，坐在这里唠叨。

今天我想，我应该爱别人，不然我就毁了。家兄告诉我，说我写的东西里，每一个人都长了一双魔鬼的眼睛。就像《肖像》里形容那一位画家给教堂画的画的评语一样的无情。我想了想，事情恐怕就是这样。我呀，坚信每一个人看到的世界都不该是眼前的世界。眼前的世界无非是些吃喝拉撒睡，难道这就够了吗？还有，我看见有人在制造一些污辱人们智慧的粗糙的东西就愤怒，看见人们在鼓吹动物性的狂欢就要发狂。我总以为，有过雨果的博爱，萧伯纳的智慧，罗曼·罗兰又把什么是美说得那么清楚，人无论如何也不应该再是愚昧的了。肉麻的东西无论如何也不应该被赞美了。人们没有一点深沉的智慧无论如何也不成了。你相信吗？什么样的灵魂就要什么样的养料。比方说我，只让我看什么《铁道游击队》、《激战无名川》，我势必要沉沦。没有像样的精神生活就没有一代新人。

出于这种信念，我非常憎恨那些浅薄的人和自甘堕落的人，他们要把世界弄到只适合他们生存。因此我“愤懑”，看不起他们。却不想这样却毒害了自己，因为人不能总为自己活着啊。我应该爱他们。人们不懂应当友爱，爱正义，爱真正美的生活，他们就是畸形的人，也不会有太崇高的智慧，我们的国家也就不会太兴盛，连一个渺小的我也在劫难逃要去做生活的奴隶，如果我不爱他们，不为他们变得美好做一点事情的话。这就是我的忏悔。你宽恕我吗我的牧师？

你没有双重人格，昨天是我恶毒的瞎猜呢。否则你从哪里来的做事的热情呢。这也算我的罪恶之一，我一并忏悔，你也一并宽恕了吧。祝你今天愉快。你明天的愉快留着我明天再祝。

王小波　22 日

（四）

你好哇，李银河。我今天又想起过去的事情。你知道我过去和你交往时最害怕的是什么？我最害怕你从鼻子里发出一声冷笑（如果这样的形容使你愤怒我立刻就收回）。我甚至怀疑这是一把印第安战斧，不知什么时候就要来砍掉我的脑袋。因为我知道我们的思想颇有差距。我们的信仰是基本一致的，但是不是一个教派。过去天主教徒也杀东正教徒，虽然他们都信基督。这件事情使我一直觉得不妙。比方说我就不以为“留痕迹”是个毕生目标。我曾经相信只要不虚度光阴，把命运赐给我的全部智力发挥到顶点，做成一件无愧于人类智慧的事情就对得起自己，并且也是对未来的贡献。这曾经是我的信仰，和你的大不一致吧？

那时候我们只有一点是一致的，就是要把生命贡献给人类的事业，决不做生活的奴隶。

现在我很高兴地告诉你，我的信仰和你又一致了。我现在相信世界上有正义，需要人为正义斗争。我宣誓成为正义的战士。我重又把我的支点放到全人类上。你高兴吗？

总而言之，我现在决定，从现在开始，只要有一点益处的事情我都干，决不面壁苦思了。现在就从眼前做起，和你一样。我发现我以前爱唱高调偷懒，现在很惭愧。

祝你今天愉快。

王小波　23 日

（五）

你好哇，李银河。今天收到你 25 日的来信。你的祝福真使我感动，因此我想到了很多事情。你回来我讲给你听。

可是你呀！你真不该说上一大堆什么“崇敬”之类的话。真的，如果当上一个有才气的作家就使你崇敬，我情愿永世不去试一下。我的灵魂里有很多地方玩世不恭，对人傲慢无礼，但是它有一个核心，这个核心害怕黑暗，柔弱得像绵羊一样。只有平等的友爱才能使它得到安慰。你对我是属于这个核心的。

我想了一想：是什么使你想起哭鼻子来呢？一定是雨果所说的“幽冥”。这个“幽冥”存在于天空的极深处，也存在于人的思想的极深处，是人类智力所永远不能达到的。有人能说出幽冥里存在着什么吗？啊，有人能。那就是主观唯心主义者和基督教徒。雨果说他是深深敬畏幽冥的。我呢？我不敬畏。幽冥是幽冥，我是我。我对于人间的事倒更关心。

不过说实在的，我很佩服天文学家。他们天天沉溺在幽冥之中，却还很正常。多么大的勇气啊！简直是写小说的材料。

真的一种新学科的萌芽诞生了吗？啊，世界上还真有一些有勇气的人，他们是好孩子。我想到这些年来，人对人太不关心了。人活在世上需要什么呀？食物、空气、水和思想。人需要思想，如同需要空气和水一样。人没有能够沉醉自己最精深智力思想的对象怎么能成？没有了这个，人就要沉沦得和畜生一样了。我真希望人们在评价善恶的时候把这个也算进去呀。我想这个权利（就是思想的权利）就是天赋人权之一。不久以前有人剥夺了很多人的思想的权利。这是多么大的罪孽呀。你也看见了，多少人沉沦得和畜生一样了。

我觉得我无权论是非，没这个勇气。我觉得你可以。你来救我的灵魂吧。

我整天在想，今天快过去吧，日子过得越快，李银河就越快回来了。你不要觉得这话肉麻，真话不肉麻。祝你愉快。

王小波　29 日

（六）

你好哇，李银河。今天是六月一日，就是说，今天已经是六月初了。可是不知道你在哪儿。也许在归途上吧。心愿如此，阿门！

真应该在今天回想一下童年。有人说当孩子的时候最幸福，其实远非如此。如果说人在童年可以决定自己生命的前途，那么就是当孩子的时候最幸福，其实有一种我们不能左右的力量参加进来决定我们的命运，也就是说，我们被天真欺骗了。

我从童年继承下来的东西只有一件，就是对平庸生活的狂怒，一种不甘没落的决心。小时候我简直狂妄，看到庸俗的一切，我把它默默地记下来，化成了沸腾的愤怒。不管是谁把肉麻当有趣，当时我都要气得要命，心说：这是多么渺小的行为！我将来要从你们头上飞腾过去！现在这一切都已经过去。要把童年的每一瞬间都呼唤到脑海里，就是花上一个月时间也难办到了。但是这件事我还记得很清楚。我现在还是这样，只是将来不再属于我了。

我很想把前面写的乱七八糟扯了，但是那就是对你不老实。留着你看看吧。总之，这一段时间比原来想象的苦。你就要回来了是吧？祝你愉快。

王小波　6 月 1 日

（七）

你好哇，李银河。我们接着来谈幽冥吧。我记得有一次我站在海边，看着海天浑为一色，到处都是蔚蓝色的广漠的一片。头上是蓝色的虚空，面前是浩荡的大海，到处看不见一个人。这时我感到了幽冥：无边无际。就连我的思想也好像在海天之间散开了，再也凝结不起来。我是非常喜欢碧色的一切的。

后来呢？后来我拍拍胸膛，心满意足地走开了。虽然我胸膛里跳着一颗血污的心脏，脑壳里是一腔白色泥浆似的脑髓（仅此而已），但是我爱我自己这一团凝结的、坚实的思想。这是我生命的支点。浩荡空虚的幽冥算什么？

接下来又要谈到把肉麻当有趣。这里有一个大矛盾。我极端地痛恨把肉麻当有趣。我有时听到收音机里放几句河南坠子，油腔滑调的不成个东西，恨不得在地上扒个坑把头埋进去。还有一次规模宏大的把肉麻当有趣，就是六八、六九年闹林彪的时候。肉麻的成分是无所不在的，就连名家的作品（如狄更斯、歌德等等）里也有一点。可是有人何等地喜欢肉麻！

肉麻是什么呢？肉麻就是人们不得不接受降低人格行为时的感觉。有人喜爱肉麻是因为什么呢？是因为他们太爱卑贱，就把肉麻当成了美。肉麻还和现在文学作品中的简单粗糙不同，它挺能吸引人呢。所谓肉麻的最好注脚就是才子佳人派小说，它就是本身不肉麻，也是迎合肉麻心理的。鲁迅是最痛恨肉麻的，我的这个思想也是从他老人家那里批发来的。

你有一次诧异我为什么痛恨激情，其实我是痛恨肉麻呀！我们是中国人，生活在北京城里，过了二十六年的平庸生活。天天有人咂着嘴赞美肉麻，你焉能不被影响？你激情澎湃的时候做出的事情，谁敢打保票不是肉麻的？

我有点害怕自己，怕我也是百分之三十的肉麻人物，所以只有头脑清醒时才敢提笔。这样是不成的。这样达不到美的高度，人家说我没有什么革命意识。说得多对呀。

你也知道了幽冥和肉麻全都不合我的心意。还有什么呢？我看我不要废话了。别人知道了要笑话的：王先生给李银河写情书，胡扯又八道，又是幽冥，又是肉麻。这不是一件太可笑的事实吗？就此打住，祝你愉快。

你快该回来了吧！我要疯了。——又及

王小波　6月2日

（八）

你好哇，李银河。你可真有两下子，居然就不回来了。要是你去威尼斯，恐怕就永辈子见不到你了。

我有点担心你锋芒太外露。这年头上战场要有点策略，打得赢就打，打不赢就装哑巴。

我今天又发现了剩余精力的规律，是关于文化生活的，可以解释现代文学的没落。大略是现代科学的发达占用了很多的剩余精力，所以现在只能有很低等的文学。这是说西方世界。中国人呢？中国人很闲散，尤其是有文化的阶层，闲散得太厉害了（这是从近代史角度上去说），所以程度不等地喜欢肉麻的东西。这也是一种对于文化的需求呢。你看，老百姓养活了他们，他们在创造粪便一样的文化！

我想，将来中国人还会有很多的剩余精力的，在这上面可以开出很美的精神生活之花。肉麻的文化只会使人堕落，粗糙的文化只能使人愚昧，这样的人盖不成精美的大厦。一个美好的社会没有美好的精神生活是不成的。西方世界慢慢地会觉醒的，从海盗海淫的文化中觉醒过来，他们的剩余精力会走上正路。东方世界我就不敢说了。总之，人们应当为自己的剩余精力建设美好的精神生活，这是物质所代替不了的。这样的文化不带一点点的肉感，只能用精神去感受，需要最崇高的智慧，这一点我已经可以断定。

至于我们呢？唉，说到我们，我叹一口气准备去睡觉了。祝你愉快！

王小波　6月3日

（九）

你好哇，李银河：

今天还不见你出现。我脑子里出现了很多宿命论的狂想。比方说，我很想抛一个硬币来占一占你是否今天回来。这说明我开始有点失常了。

人呀，无可奈何的时候就要丑态百出。我来揣测你遇到什么了。

也许是会议整风，鸣放得太过了吧？北京来的记者也有一份，留在那里走不了。呜呜！但愿不是这样！

也许是你去游山玩水。太好了！好好地玩玩吧，我真希望你玩得好。天热吗？千万不要太热。下雨吗？千万不要下雨。下雨什么也看不清楚。刮风吗？不要乱刮大风。最好是迎面而来的洁净的风。你迎风而去，风来涤荡你的胸怀，仰望着头上的蓝天，好像走在天空的道路上。真的吗？真的是这样吗？真是这样就太好了。我要给你写诗，心里太乱写不了。俾德丽采！俾德丽采！

在回家吗？在火车上吗？想到我了吗？别想，好好睡一觉吧。祝你心里平静而愉快。为什么没有高速火车呢？飞机！协和式飞机！我想一头穿过墙壁奔出去找你。去不了，我太无能。

我发誓，你不回来我也不给你写信了。再写我就要胡说八道了。绝对不写。不写。祝你愉快！

我没有怨恨吧？一点也没有吧。——又及

还有，我瞎扯。不是俾德丽采。那不是咒你吗？不怪我，怪但丁。打倒但丁！打倒意大利！打倒佛罗伦萨！

王小波　6月5日

（十）

李银河，你好！

我自食其言，又来给你写信。按说世界上有很多的人。可是我今天病歪歪地躺了一天，晚上又睡不着觉，发作了一阵喋喋不休的毛病，又没有人来听我说。

我又在想，什么是文学的基本问题。今天下午三点四十五分我的答案是：人可以拥有什么样的生活。谁能对这个问题给出美妙的答案呢？当人们被污泥淹着脖子的时候？

有很多的人在从少年踏入成人的时候差了一步，于是生活中美好的一面就和他们永别了，真是可惜。在所有的好书中写得明明白白的东西，在人步入卑贱的时候就永远看不懂，永远误解了，真是可惜。在人世间有一种庸俗势力的大合唱，谁一旦对它屈服，就永远沉沦了，真是可惜。有无数为人师表的先生们在按照他们自己的模样塑造别人，真是可惜。

中国人真是可怕！有很多很多中国人活在世上什么也不干，只是在周围逡巡，发现了什么就一拥而上。比方说，刘心武写了《班主任》，写得不坏，说了一声“生活不仅如此！”就有无数的人拥了上去，连声说：“太对太对！您真了不起！您是班主任吧？啧啧，这年头孩子是太坏。”肉麻得叫人毛骨悚然。我觉得这一切真是糟透了。

人可以拥有什么样的生活呢？这问题真是深奥。我回答不上来。我知道已往的一切都已经过去。雨果博爱的暴风雨已经过去。罗曼·罗兰“爱美”的风暴已经过去。从海明威到别的人，消极的一切已经过去。海面已经平静，人们又可以安逸地生活了。小汽车，洗衣机，中国人买电视，造大衣柜，这一切和我的人格格格不入。有人学跳舞，有人在月光下散步，有人给孩子洗尿布，这一切和我格格不入。有人解释革命理想，使它更合理。这是件很好的工作。

可是我对人间的事情比较关心。人真应该是巨人。世界上人可以享有的一切和道貌岸然的先生们说的全不一样。他们全是白痴。人不可以是寄生虫，不可以是无赖。谁也不应该死乞白赖地不愿意从泥坑里站起来。

我又想起雅典人雕在石头上的胜利女神了。她扬翅高飞。胜利真是个美妙的字眼，人应该爱胜利。胜利就是幸福。我相信真是这样。祝你愉快。

王小波　6月6日

以下书信写于 1978 年—1979 年间

（一）

银河，你好：

想你了，跟你胡扯一通。我这样的喋喋不休可能会招你讨厌。

告诉你，我有一种喜欢胡扯的天性。其实呢，我对什么事都最认真了。什么事情我都不容许它带有半点儿戏的性质，可惜我们这里很多事情全带有儿戏的性质。我坚信人是从爬行动物进化来的，因为有好多好多的人身上带有爬性动物那种低等、迟钝的特性。他们办起事情来简直要把人气疯。真的，我不骗你！早几年我已经气疯一百多次了，那时候从学校到舞台到处不都是儿戏？那时候的宣传、运动不是把大家当大头傻子吗？后来我对这些事情都不加评论、不置一辞，只报之以哈哈大笑。后来我养成一种习惯，遇到任何事情先用鼻子闻一下，闻出一丁点儿戏的气味就狂笑起来。真的，我说实话，你别生气。我以为凡把文学当成沽名钓利手段的全是儿戏……我原准备到处哈哈大笑，连自己在内，笑到寿终正寝之时。可是我现在想认真了，因为你是个认真的人。

……

王小波　8 月 30 日

（二）

银河，你好：

看了你的信，你为什么把你自己说得那么坏，把我说得那么好呢？你真傻，那不是事实啊。

我知道你因为什么事情在难过。我猜得出来。怎么办呢？这么办吧。假如你愿意，你就恋爱吧，爱我。恋爱可以把什么问题都解决了的。恋爱要结婚就结婚，不要结婚就再恋爱，一直恋到十七八年都好啊，而且更好呢。如果你不要恋爱，那我还是愁容骑士。如果你想喜欢别人，我还是你的朋友。你不能和我心灵相通，却和爱的人心灵不通吧？我们不能捉弄别人的，是吧？所以我就要退后一步了。不过我总觉得你应该是爱我的。这是我瞎猜。不过我总觉得我猜得有道理，因为什么都不是爱的对手，除了爱。

……

小波　9月4日

（三）

银河，你好！

我在家里给你写信。你问我人为什么活着，我哪能知道啊？我又不是牧师。释迦牟尼为了解决这个问题出了家，结果得到的结论是人活着为了涅槃，就是死。这简直近乎开玩笑了。

不过活着总得死，这一点是不错的，我有时对这一点也很不满意呢。还有，人活着有时候有点闷，这也是很不愉快的。过去我想，人活着都得为别人，为别人才能使自己得到超生。那时大家都这么想吧？结果大家都不近人情地残酷，都走上宗教的道路了呢。我们经过了那个时代，把生活都变成一个连绵不断的宗教仪式了呢。后来我见过活着全然为自己的人，他们是真正的唯物主义者，把自己当成物质，需要的东西也是物质，所以就分不出有什么区别。比方说，物质生活就是生活本身吗？有人分不出来。

总之，我认为人不应当忽视自己，生活就是自己啊。总要无愧于自己才好。比方说我要无愧于自己就要好好地爱你才对。也不能让人家来造自己，谁要来造我我都不干。有人要我们这样要我们那样，我们就不知道什么是生活本身了。过去我们在顶礼膜拜中度过光阴的时候，我们知道什么是生活吗？不过我现在要爱你，我觉得我很对，你也觉得我很对，别人与此有何相干。

我这么说你恐怕要怕我了。我一点也不可怕。不管你是谁，是神仙也好，是伟人也好，请你来共享我们的爱情。这不屈辱谁，不屈辱你。

我们的生活就是我们本身。我们本身不傻，也不斤斤计较大衣柜一头沉。干吗要求我们有什么外在的样子，比方说，规规矩矩，和某些人一样等等。真的，我们的生活是一些给人看的仪式吗？

我有时对自己挺没信心的，尤其是你来问我。我生怕你发现我是个白痴呢。不过你也该知道，我也肯为别人牺牲，也接受一切人们的共同行动，也尽义务，只要是为大家好；却不肯为了仪式去牺牲、共同行动、尽义务，顶多敷衍一下。别人也许就为这个说我坏吧？我很爱开发智力，我怪吗？不怪吧。我还爱一个美的世界，美是为人的幸福才存在的。我也不肯因为什么仪式性的东西去写什么，唱什么，画什么，顶多敷衍它一下。

总之，我是这样。为了大家好，还为了我自己好，才能正经做事。为了什么仪式，为了看起来挺对路，我就混它。我决不为了仪式爱你，我是正经爱你呢。我一正经起来，就觉得自己不坏，生活也真不坏。真的，也许不坏？我觉得信心就在这里。

我对自己有点信心。我爱你呢，爱你！

小波　10月29日夜

(四)

银河，你好！

看了你2日的信，我很喜欢你的看法。不过还有一点我不能同意你，你不生气吧？我要说的是：只要我们真正相爱，哪怕只有一天，一个小时，我们就不应该再有一刀两断的日子。也许你会在将来不爱我，也许你要离开我，但是我永远对你负有责任（我也希望你也负起这个责任），就是你的一切苦难就永远是我的。社会的力量是很大的吧？什么排山倒海的力量也止不住两个相爱过的人的互助。我觉得我爱了你了，从此以后，不管什么时候我都不能对你无动于衷。我可不能赞成爱里面一点责任没有。我当然反对它成为一种枷锁，我也不能同意它是一场宴会。我以为它该是终身不能忘却的。比如说，将来你不爱我了，那你就离开我，可是别忘了它。这是不该忘记的东西。

有时我有点担心你和我是很不同的人。我正是为这一点爱你，可是我怕你会为这一点不爱我。你呀，你是一个热情的人，你很热。我恐怕我有点儿温。我不经常大喜，几乎不会狂喜。你欣喜若狂的时候，也许我只会点头微笑。不，我说这个你也许不会懂呢。我带有一点宿命的情调。我一丁点也不迷信，只不过有一点该死的这种情调罢了。所以我对你的爱不太像火，倒像烧红的石头呢。不过我太喜欢你了，太想爱护你了。你不知道我呢。我爱谁就觉得谁就是我本人，你能自由也就是我自由。不过我可不高兴你把我全忘了。这件事你可不能干。

下星期日我们到郊外去吧，去看看我的精神巢穴。在那儿你就知道我是一个什么样的穴居野人了。

说真的，我喜欢你的热情，你可以温暖我。我很讨厌我自己不温不凉的思虑过度，也许我是个坏人，不过我只要你吻我一下就会变好呢。

小波　11 月 5 日

（五）

银河，你好！

你给我带来一个多么美好的东西，就是说，一个多么好的夜晚！想你，想着呢。

你呀，又勾起我想起好多事情。我们生活的支点是什么？就是我们自己。自己要一个绝对美好的不同凡响的生活，一个绝对美好的不同凡响的意义。你让我想起光辉、希望、醉人的美好。今生今世永远爱美，爱迷人的美。任何不能令人满意的东西，不值得我们屈尊。

我不要孤独，孤独是丑的，令人作呕的，灰色的。我要和你相通，共存，还有你的温暖，都是最迷人的啊！可惜我不漂亮。可是我诚心诚意呢，好吗我？我会爱，入迷，微笑，陶醉。好吗我？

你真可爱，让人爱得要命。你一来，我就决心正经地、不是马虎地生活下去，哪怕要费心费力呢，哪怕我去牺牲呢。说傻话不解决问题。我知道为什么要爱，你也知道为什么要了吧？我爱，好好爱，你也一样吧。

小波　12 月 1 日晚

（六）

银河，你好：

上次给你写的信忘了发了，你别生气，我以为已经发了呢，结果还在我这儿。所以我还要给你写。

不知道你在干什么呢。我给你写信时又想抽烟。你知道一种习惯要是有了十年真不好克服。真的，我告诉你，我老是对自己做过的不满意。我们这种人的归宿不是在人们已知的领域里找得到的，是吗？谁也不能使我们满意，谁也不能使我们幸福，只有自己做出非凡的努力。还有我要你，和我有宿缘的人。不知为什么，我认定除了它，只有你是我真正要的。除了你们，对什么我都睁一只眼闭一只眼。真的，我要好好爱你，好好的。不一定要你爱我，但是我爱你，这是我的命运。

小波　12 月 2 日晚

（七）

银河，你好！

我又来对你瞎扯一通了。我这么胡说八道你生气了吗？可是我真爱你，只要你乐意听，我就老说个不停，像不像个傻子？

真的，我那么爱你，你是个可爱的女孩子。男孩子们都喜欢女孩子，可是谁也没有我喜欢你这么厉害。我现在就很高兴，因为你又好又喜欢我，希望我高兴，有什么事情也喜欢说给我听。我和你就好像两个小孩子，围着一个神秘的果酱罐，一点一点地尝它，看看里面有多少甜。你干过偷果酱这样的事儿吗？我就干过，我猜你一定从来没干过，因为你乖。

只有一件事情不好。你见过我小时候的相片了吧？过去我就是他，现在我不是他了，将来势必变成老头。这就不好了。要是你爱我，老和我好，变成老头我也不怕。咱们先来吃果酱吧，吃完了两个人就更好了，好到难舍难分，一起去见鬼去。你怕吗？我就不怕，见鬼就见鬼。我和你好。

今天我累死啦！烦死啦！我整天在洗试管，洗烧杯，洗漏斗，洗该死的坛坛罐罐。我多倒霉，上这个劳什子大学。更倒霉的是一星期只能见你一次，其他时间只能和我不爱见的人在一起。

昨天我看见了好多情侣，我觉得很喜欢那些人。过去我在马路边看见别人依依不舍就觉得肉麻，现在我忏悔。居然我能到了敢在大街上接吻的地步，我很自豪。

爱情真美，倒霉的是咱们老不能爱个够。真不知我过去做过什么孽遭此重罚，因而连累了你。

真希望下个星期日早来，并且那一天春光明媚。

小波　3月5日

以下书信写于1978年冬李银河在外地调查期间

(一)

银河，你好！

我收到你的信了。可是我仍然闷闷不乐，只有等你回来我才高兴呢。

你可要我告诉你我过的是什么生活？可以告诉你，过的是没有你的生活。这种生活可真难挨。北京天气很冷，有时候天阴沉沉的，好像要开始一场政治说教，可真叫人腻歪。有时我沮丧得直想睡觉去。说实在的，我没有像堂吉诃德一样用甜甜的相思来度过时间，我没有，我的时间全在沮丧中度过。我很想你。

我好像在挨牙痛，有一种抑郁的心情我总不能驱散它。我很想用一长串排比句来说明我多么想要你。可是排比句是头脑浅薄的人所好，我不用这种东西，这种形式的东西我讨厌。我不用任何形式，我也不喜欢形容词。可以肯定说，我喜欢你，想你，要你。

总之，爱人和被人爱都是无限的。

你走了以后我写了几页最糟糕、顶顶要不得的东西，我真想烧了它。快考试了，没有时间再写啦。我写一个女孩子爱上一个男孩子之后想到："我要和他一起深入这个天地，一去再也不回来。"我总也写不好爱情，什么热烈和温情也到不了我的笔端，我实在是低能透啦。我觉得爱情里有无限多的喜悦，它使人在生命的道路上步伐坚定。

……

告诉你，我现在都嫉妒起别人的爱情来啦。我看到别人急急忙忙回家去找谁，或者看到别人在一起，心里就有一种不快，好像我被人遗弃了一样。吁，我好孤单！

（二）

银河，你好！

我现在忙着应付期中考试和等你回来。你在外面过得好吗？我梦见过你几次了。

北京好冷啊，还是南方暖和吧？我有点羡慕候鸟的生活：到了冬天就和你一起飞到南方去，飞到南太平洋的小岛上去。

我要是个作曲家，我现在的心境做起“葬礼进行曲”来才叫才思不绝呢。我整天哭丧着脸。

你要是回来我就高兴了，马上我就要放个震动北京城的大炮仗。银河，我爱你。我们来过快乐的生活吧！银河，快回来。

（三）

银河，你好！

你星期六就要回来了吧？那么说，只差两天了。啊，我盼望了好久了！

你的信真好玩，你把所有的英文词都写错了，只有“党员”写对了，这件事儿真有趣。

银河，我离党的要求越来越远啦。真的，我简直成了个社会生活中的叛逆。怎么说呢？我越来越认为，平庸的生活，为社会扮演角色，把人都榨干了。我们做的每一件事都是尽义务，我们自己的价值标准也是被规定了的。做人的乐趣不是太可怜了吗？难怪有人情愿做一只疯狗呢。

最可憎的是人就此沉入一种麻木状态。既然你要做的一切都是别人做过一千万次的，那么这事还不令人作呕吗？比方说你我是二十六岁的男女，按照社会的需要二十六岁的男女应当如何如何，于是我们照此做去，一丝不苟。那么我们做人又有什么趣味？好像舔一只几千万人舔过的盘子，想想都令人作呕。

我现在一拿笔就想写人们的相爱——目空一切的那种相爱。可以说这样爱是反社会的。奥威尔说的不错，可是他的直觉有误，错到性欲上去了。总的来说，相爱是人的“本身”的行为，我们只能从相爱上看出人们的本色，其他的都沉入一片灰蒙蒙。也许是因为我太低能，所以看不到。也许有一天我会明白人需要什么，也就是撇开灰色的社会生活(倒霉的机械重复，乏味透顶的干巴巴的人的干涉)，也撇开对于神圣的虔诚，人能给自己建立什么生活。如果人到了不受限制的情境，一点也不考虑人们怎么看自己，你看看他能有多疯吧。我猜人能做到欢乐至极，这也看人的才能大小。出于爱，人能干出透顶美好的事情，比木木痴痴的人胜过一万倍。

我一想到你要回来就可高兴啦，我想你想得要命。现在可该结束了，就要和你在一起了。

爱你。

小波

以下书信写于1979年李银河在北京怀柔学习日语期间

(一)

银河，你好！

我在这里想你想得要命，你想我了吗？我觉得我们在一起过的这几天好得要命，就是可惜你老有事，星期天我又像个中了风的大胖子一样躺下了，这真不好，扫了你的兴。

我喜欢夏天，夏天晚上睡得晚，可以和你在一起，只要你不腻的话。我真希望你快点回来。等我考完了试，你又调成了工作，咱们就可以高兴地多在一起待一会儿，不必像过去一样啦！过去像什么呢？我就像一个小鬼，等着机会溜进深宅大院去幽会，你就像个大家闺秀被管得死死的——我是说你老在坐机关。你可别说我拉你后腿呀！咱们一定要学会在一起用功，像两个毛主席的好孩子。我们院过去有一个刷厕所的老头，有一天他问我厕所刷得白不白，我说白，他就说我是毛主席的好孩子，现在我还是呢。

说真的希望你把日语学得棒棒的，你好好用功吧，我不打搅你。真的，你觉得我们在一起过得还好吗？夏天好吗？

麦子熟了，
天天都很热。
等到明天一早，
我就去收割。
我的爱情也成熟了，

很热的是我的心，
但愿你，亲爱的，
就是收割的人！

这诗怎么样？喜欢吗？猜得出是谁的诗吗？是个匈牙利人写的呢。还有一首译得很糟：

爱神，你干吗在这里，一手拿一只沙漏计时？
怎么，轻浮的神，你用两种方法计时？
这只慢的给分处两地的爱人们计时，
另一只漏得快的给相聚一地的爱人们计时。

这诗油腔滑调的不成个样子对不对？俗得好像姚文元写的呢。这可是诗哲歌德所做，亵渎不得。唉，说什么也是白搭，我还是耐心等你回来吧！

小波　5 月 27 日

（二）

银河，你好！

收到你的信了。知道你过得还好，我挺高兴。

我可是六神不安的，盼着你能早回来。你们到底几号能回来呢？到底是十六号呢还是二十号？我以为这挺重要。过去我特别喜欢星期天，现在可是不喜欢了。

我在《德国诗选》里又发现一首好诗：

> 他爱在黑暗中漫游，黝黑的树荫
> 重重的树荫会冷却他的梦影。
> 可是他的心里却燃烧着一种愿望，渴慕光明！渴慕光明！
> 使他痛苦异常。
> 他不知道，在他头上，碧空晴朗，
> 充满了纯洁的银色的星光。

我特别喜欢这一首。也许我们能够发现星光灿烂，就在我们中间。我尤其喜欢“银色的星光”。多么好，而且容易联想到你的名字。你的名字美极了。真的，单单你的名字就够我爱一世的了。

我觉得我笨嘴笨舌不会讨你喜欢。就像马雅可夫斯基说的：“假如我像但丁或彼得拉那样口齿不灵！”真的，如果我像但丁或者彼得拉，我和你单独在一起、悄悄在一起时，我就在你耳边，悄悄地念一首充满韵律的诗，好像你的名字一样充满星光的诗。要不就说一个梦，一个星光下的梦，一个美好的故事。可惜我说不好。我太笨啦！真的，我太不会讨你喜欢啦！我一定还要学会这个。我能行吗？也就是说，你对我有信心吗？说真的，你说我前边说的重要吗？

小波　6月6日

（三）

银河，你好！

你为什么不肯给我写信哪？难道非等接到我的信才肯写信吗？那样就要等一个星期才能有一封信，你不觉得太长了吗？

我猜这封信到你手里恐怕要等不到你回信你就回来了。所以我也不能写些别的了。只能写爱你爱你爱你。你不在我多难过，好像旗杆上吊死的一只猫。猫在爱的时候怪叫，讨厌死啦！可是猫不管情人在哪儿都能找到她。但是如果被吊死在旗杆上它就不能了。我就像它。

我现在感到一种凄惨的情绪，非马上找到你不可，否则就要哭一场才痛快。你为什么不来呢？我现在爱你爱得要发狂。我简直说不出什么有意思的话，只是直着嗓子哀鸣。人干吗要说咱们整天待在一起不可思议？如果一天有四十八个小时，我恨不得四十九小时和你待在一块呢！告诉你，我现在的感觉就像得不到你的爱，就像一个刚刚懂事的孩子那种说不出口的哑巴爱一样，成天傻想。喂，你干什么呢？你回来时我准比上次还爱呢。

我认为你爱我和我爱你一边深，不然我的深从哪儿来呢？只不过我没出息，见不到你就难受极啦。所以，希望你快回来，回来快来找我，早一分钟都好得不得了。

我爱你。

小波　6月9日

(四)

银河，你好！

做梦也想不到我把信写到五线谱上吧？五线谱是偶然来的，你也是偶然来的。不过我给你的信值得写在五线谱里呢。但愿我和你，是一只唱不完的歌。

谁也管不住我爱你，真的，谁管谁就真傻，我和你谁都管不住呢。你别怕，真的你谁也不要怕，最亲爱的好银河，要爱就爱个够吧，世界上没有比爱情更好的东西了。爱一回就够了，可以死了。什么也不需要了。这话傻不傻？我觉得我的话不能孤孤单单地写在这里，你要把你的信写在空白的地方。这可不是海誓山盟。海誓山盟是把现在的东西固定住，两个人都成了活化石。我们用不着它。我们要爱情长久。真的，它要长久我们就老在一块，不分开。你明白吗？你，你，真的，和你在一起就只知道有你了，没有我，有你，多快活！

我现在一想起有人写的爱情小说就觉得可怕极了。我决心不写爱情了。你看过缪塞的《提香的儿子》吗？提香的儿子给爱人画了一幅肖像，以后终身不作画了，他把画笔给了爱了。他做得对。噢，真的，我们为什么不早认识？那样我们到现在就已经爱了好多年。多么可惜啊！爱才没够呢。

傻子才以为过家家是爱情呢，世俗的心理真可怕。不听他们的，不听。不管天翻地覆也好，昏天黑地也好，我们到一起来寻找安谧。我觉得我提起笔来冥想的时候，还有坐在你面前的时候，都到了人所不知的世界。世界没有这个哪成呢？过去是没有它就活得没意思，现在没有你也没意思。

编者注：此信写在五线谱上。

小波：

让我们爱个够，爱个够！但愿我和你是一支唱不完的歌！我看过一百本小说，也许还要多，但是这句话是我生平所见过的最美的一句。你的心是多么美呵，太美了。你给我带来了多么巨大的快乐和幸福。你为什么不写爱情呢？人生的全部的美都在这里呢，不写它写什么呢？爱把我们平淡的日子变成节日，把我们黯淡的生活照亮了，使它的颜色变得鲜明，使它的味道从一杯清淡的果汁变成浓烈的美酒。我们不该感谢它吗？不该为它歌唱吗？你这把钥匙就是开我这把锁的（或者反过来说）。我怕世俗那一套怕得要死，你比我一点不差。那就让我们一起远远地躲开它们，逃遁到我们那美好的、人所不知的世界里去吧。找我们的幸福，找我们的快乐，找我们灵魂的安谧，找我们生命的归宿。我们一起去找，找它一辈子，对吗？

（五）

银河，你好！

今天你就要来了吧？我等得太久了。

我很想天天看见你。真的，我们为什么不敢到一起来呢？我会妨碍你吗？你会妨碍我吗？爱情会妨碍我们两个吗？我们都不是神，不过这个问题我们一定能解决。只管爱吧，好银河，什么事也不会有。

只要我们能在一起，我们什么都能找到。也许缺乏勇气是到达美好境界的障碍。你看我是多么适合你的人。我的勇气和你的勇气加起来，对付这个世界总够了吧？要无忧无虑地去抒情，去歌舞狂欢，去向世界发出我们的声音，我一个人是不敢的，我怕人家说我疯。有了你我就敢。只要有你一个，就不孤独！

你真好，我真爱你。可惜我不是诗人，说不出再动人一点的话了。

小波，你好！

我今天晚上难过极了，想哭，也不知是为什么，我常有这种不正常的心情，觉得异常的孤独。生活也许在沸腾着，翻着泡沫，但我却忽然觉得我完全在它之外，我真羡慕那些无忧无虑地从不停歇地干下去的人。这个时候，谁也不能安慰我，也许连你也不能。就像那首诗说的，像在雾中一样。我可能有一个致命的缺点，生命力还不够强。我的灵魂缺燃料，它有时虽然能迸出火花，但是不能总是熊熊地燃烧。你的生命力比我强，我觉得你总是那么兴致勃勃的，就像居里说的，像一个飞转的陀螺。你该用你的速度来带动我，用你的火来燃烧我，用你的欢快的浪花把我从死水潭里带走。你会这样做吗？会吗？你一定会的。你应该这样做呀！为什么不给我打电话？难道你的热情已经过去了？

（六）

银河，你好！

你那天是多么悲伤啊，为什么我不在你身边呢？你孤独了，孤独就是黑暗，黑暗中的寂寞，多么让人害怕啊。

你害怕雾吗？有一首诗，叫雾中散步。雾中散步，真正奇妙。谁都会有片刻的恍惚，觉得一切都走到了终结，也许再不能走下去了。其实我们的大限还远远没到呢。在大限到来之前，我们要把一切都做好，包括爱。这也是很重要的呀！爱你，真爱！

我老把和你在一起的时间当节日来度过，我看你也是。其实这也不对。我们应当把我们的生活交织起来。不光有节日，还有艰苦的工作日。你说对吗？也许我是胡说。

你真坏，又说我热情过去了。

小波，你好：

你是我的天堂，可我是你的地狱。我给你带来了太多的痛苦和烦恼。我们的爱情虽然很甜，但也有太多的苦味。这都怪我，都怪我。我有时十分痛恨自己，觉得我是一个坏人。昨天你说，我们两个都是好人，是特别好的人，真是这样吗？有时我觉得我自己真不怎么样，真坏。你来救我吧，你是我的天使，你总是把最美好的感情给我，你真好。我愿意要，我永远要不够，因为我常常觉得自己是很贫乏的，有时甚至很空虚。记得你也说过：我要。那么我也给，我也愿意给呵！我们的幸福呵，让它再浓烈些，再浓烈些吧！

我们常常把事情弄得太沉重了，咱们该轻松些，咱们应该像一对疯子那样歌舞狂欢，对吗？生活本来是很美好、很美好的呵！

……

小波，你以为你找到了一个好朋友，可是你想到了吗？也许你为之要付出太多的代价，其中最主要的是：你将永远失去你的安静。我不会让你安静的，因为我是一个十分不安静的、过于敏感，甚至有点神经质的灵魂。我最害怕冷漠，哪怕有一点点，你就会失去我。我一点也受不了冷漠，真的。你能永远像现在这样热烈甚至还要超过它吗？你能永远满足我的“要”吗？你说过：要，对我来说，就是给。你能永远这样想吗？而且我还很爱妒忌，我甚至妒忌你小说里的女主角和那个被迷恋过的小女孩。我是不是很可笑？简直有点变态心理。你受得了吗？听人家说，女人的忌妒是美德，是吗？那证明我很爱你，不愿意你的感情被别的什么分去，不过你别听我的，好好写下去吧，好好写吧。

……

我们能够幸福吗？能吗？这问题常常烦扰着我。你昨天的话使我似乎放心了。你是又聪明、又真挚的。你总是能为我们找到出路。但愿你永远能成功。

我抄给你1月8日的日记，那是我满怀着热望和一颗跳动的心，但是发现你竟没给我写，我看着自己那些热情的话像一张树叶扔在水面上并没有激起什么波纹，觉得羞耻、觉得自尊心受到损害时写的。

“我感到一阵失望，他这是怎么回事？难道他对我所有的也仅仅是那种动物式的感情？我真的爱他吗？我为什么那么容易动摇？我的心像一头不安的小鹿，总要跑掉，任何一点刺激，任何一点过失、松懈，都会使它脱缰而去，这怎么行呢？这样我们能够幸福吗？我应该告诉他。”

如果我伤了你的心，请你原谅我，因为我们过去说过，要把心中发生的一切告诉对方。否则，它就会变成一种潜伏的危机。

自从初恋之后，我好像违反一般规律地反而不懂得什么是爱了。你昨天说，要，就是爱。我相信你的话。我是一个内心时常会感到孤独的人，虽然我和朋友、家人亲密无间，但我仍旧常常感到可怕的孤独。我并不自命不凡，就像你也并不自命不凡一样。我也并不是很难了解的人。但是我觉得真正懂得我的只有你。我愿意爸爸妈妈都高兴，都满意，但是他们不高兴不满意我也会不顾一切的。我是一个自由人，谁也管不着。只要我们能够幸福。而这一点恰恰是我最担心的，我们能吗？能吗？我常常这样问自己。你那么热烈地爱我，想我，我也特别愿意投合你，满足你。我觉得能给你带来快乐，因为我你能快乐，这是我最高兴的事，也是引以为自豪自慰的。一个给别人带来快乐的人是幸福的，你知道吗？我还常常想，为了你我想变得美一些，我希望你爱我的全部肉体，我愿意它因为你而变得美。我甚至问你喜欢不喜欢香味。我愿意变成你所希望的样子，希望给你一切。你懂得我说的话吗？我好像是在胡说八道，说胡话。我也希望你变得美，你知道吗？我做梦还梦见你变得很美呢。

我们可以拥有什么样的生活？对了，你说你和××他们都不是一路人，这我也有感觉，我喜欢的也许就是这个，我从那么多人里一下子就把你和他们区别开来（用我妈妈的话说：一头就扎在……）也许就因为这个呢。但是我不是觉得什么一路不一路，我觉得质量不同。如果说他们的心是黄铜（或银子），那么你是金子。你不应该把自己和他们相提并论，有时，对自己的才能不自觉、羞怯，会毁了自己、糟蹋了自己的。但是我觉得你不是很勤奋，韧性不太够，不知说得对不对。

你也希望变成我所希望的样子吗？你愿意吗？你是不爱改造的，我也不愿改造你，但是我希望你怎样，有时会告诉你的，你愿意听吗？

（七）

银河，你好！

你责备我了。我觉得我近来是有点不像话，不过我总觉得是因为我忙。现在我知道我有点不好了。不，是有点坏。

不过你的责备也过重。真的，过重！你以后会知道的。为什么怀疑我？你不应该。从来我都是这样，有时候大大咧咧，有时候马马虎虎，不过你要因为这个否定我，我可就太冤了！不要难道！你说的事情根本没有。也许你在日记里都把我说成是个山羊了。

别怀疑我们会不会幸福。我来告诉你吧：我爱你爱得要命。

我有时想起你就不能自已的狂喜，因为你是那样一个人。你也许不知人和人是多么不同：我哥哥说他是对一切充满了智慧的体系，不管是哲学体系还是数学，哪怕它已经过时，只要它深刻、周密，他对它们全有一种审美式的爱好。我也有一点。我也爱一切人类想出来的美好的东西，它们就像天外来客一样突然来到人间：有时候来龙去脉丝毫也没有呢。没有它们我们就太苦了。

可是你最可爱。我想过的东西你想都不想，可是你从本性里爱美，不想就知道。你心里还有很多感情的波澜，你呀，就像波涛上的一只白帆船。波涛下面是个谜，这个谜就是女性。我很爱这些！不管你是哭是笑我全喜欢你。

有时候你难过了，这时候我更爱你。只要你不拒绝我就拥抱你，我会告诉你这是因为什么。就是我不知是为了什么。我会告诉你爱，爱可以把一切都容下。如果我的爱不能容下整个的你，算个什么爱！也许你的爱也能容下整个的我吧？不管怎么说，你要我的爱就够了。

小波，你好啊。

……

噢，刚才我说爱情，有时我心里错综复杂，一会儿觉得美国人那种自由的随便的随心所欲的关系非常好，一会儿又觉得钟情的热恋始终如一好。我真不知哪种更好。看来你是后一种，你说过不赞成没有责任感。不愿我忘掉你。我不会忘掉你，永远不会，怎么可能呢？故意忘也忘不掉的。你不要怕失去我，我很愿意和你在一起，但是自由地和你在一起，你也保留你的自由权利吧。我看报看参考，越来越感到海誓山盟的时代过去了。如果没有感情我们就分离，我坚持这一点，不过我们可以约好互相安慰的义务，即一个人虽然已经不喜欢对方，但如果对方要求安慰，那个人有义务安慰对方，使这个人的心里好受一些，你同意吗？另外，我们不要大人，不论现在和将来，让我们把他们抛开，我们只是两个人，不是两家人，我们是两个在宇宙中游荡的灵魂，我们不愿孤独，走到一起来，别人与我们无关，好吗？

（八）

银河，你好！

我是有点懒，为什么不早给你写信呢？

你说的话是对的，但是有一点不对。为什么要看报看参考看时代呢？我觉得这些完全与我们无关。不光美国人怎么做与我们关系不大，就是中国人怎么做也不用去考虑它。我就讨厌在这个问题上参考别人。

海誓山盟，海誓山盟，这些别人的事情与我们无关。主要的是我对你的爱情。你想知道吗？这棵歪脖子树是怎么长着的。真的，我可不喜欢把它说成是花儿，这么说太大言不惭了。也许它会把我挂在上面呢。

我老觉得爱情奇怪，它是一种宿命的东西。对我来说，它的内容就是“碰上了，然后就爱了，然后一点办法也没有了”。它就是这样！爱上，还非要人家也来爱不可。否则不叫爱，要它也没有意思。海誓山盟有什么用？我要的不就是我爱了人家人家也爱我吗？我爱海誓山盟拉来的一个人吗？不呢，爱一个爱我的人，就这样。

我总觉得爱情神秘。不，我对你什么要求也没有，什么要求也没有，只要你来看我。我也不知道为什么。你愿意要什么，就给什么。你知道吗？要，对我来说，就是给啊。你要什么就是给我什么。随你吧。

我是一个很有点反常的人呢。你不知道吧，我很愿意很愿意随和你呢。你不懂吧。我早就对你说过，我很爱嘲弄人，和别人老不能真心相处。我的朋友们之间都有一点心照不宣的东西，就是别人不告诉的东西也不打听，各人保守个人秘密。只有你，我不知为什么特别愿意随你的意。对于我和你，你要什么都是好的。

上次行了一次骗，骗你上我这儿来，恐怕再不能取信于你了。那一天特别想看见你，你要不来我就像害牙疼一样难熬呢。我一下午都在编谎，后来编了一个关于法治的所谓想法，要你来讨论。不过你来了之后我可慌了，因为我说不出个道道来。你知道吗？我这人政治水平低，上政治课我睡得脖子都痛了。我能和你讨论什么政治吗？可是我居然能编出一些话来说，你说，这是不是我的胜利？也许是爱情的胜利？我现在沾沾自喜，告诉你也不怕，你来罚我也不怕，我太得意了。告诉你，那五页备忘录全是我星期三下午编出来的，还装着上星期就在酝酿的想法呢，还装着有所发现呢。

你要知道，有时想你想得发疯呢。我不愿意等星期天，写信也是望梅止渴，我只好骗你来了。我也不愿意上门房找你，在门房里见面，那不是探监吗？

我这屋真冷，我手虽不抖，身上抖了。不行，我得睡了，再写下去你就不认得了。

小波，你好！

你现在干什么呢？作业做完了，该看看小说了，又抽烟了吗？

你谈到爱的神秘性，有时我心里很恐怖地想：爱也许是人对自己的一种欺骗，是一种奇异的想象力造出来的幻影。你的想象力强，所以总在我的周围看到一层光环，其实呢？那光芒并不存在。我怕你早晚会看到这一点，变得冷漠。爱也许就是这样一种神秘的想象力的发作，它会过去。人在最初的神秘感过去之后，会发现一个完全不同的世界，你以为神秘感会永远跟着你吗？它一旦过去，爱就会终结，是吗？多可怕。

……

（九）

银河，你好！

我想我不能同意你关于爱的神秘性的解释。不对，你说的不对。

我想，人的生活其实是平淡无奇的。也许，我们都能做一次浪漫的梦是一种天赋人权吧？总之，你说是梦也好，它总是好的，比平淡无奇好得多。谁说是欺骗呢？

我天生不喜欢枯燥的一切，简直不能理解人们总爱把有趣的事情弄得干巴起来。我要活化生活，真的，活化它。要活就活一个够。干什么要把什么事情都弄到一个死气沉沉的轨道里呢，好朋友？干什么你要总结什么是爱呢？你说那些可怕的话是吓唬我吧？

你呀，你太该过一种真正幸福的生活了：一切都让它变幻无穷，不让它死气沉沉。我也许算不上一个好人，但是就是我死也要把你举高一点呢。说实话我对你将来如何看我一点也不在乎，总之现在我们要好，对吗？

……

我特别相信你。世界上好人不少，不过你是最重要的一个。你要是愿意，我就永远爱你，你要不愿意，我就永远相思。对了，永远“相思”你。

小波，你好！

你是我的光明，我的快乐，我的幸福。我们谁也不会妨碍对方，只会互相带来人生最宝贵的礼物。生活是有趣的，它绝不能变得死气沉沉。你说，我们将来也会把它弄成死气沉沉的吗？我在人群中看来看去，只有你有最大的可能性使我得到永远不枯燥的生活。你天生不喜欢枯燥，我也是呀。我真是怕它怕得要命呢。如果我们的精神枯竭了，我们的生活变得枯燥，那不如立刻去死了的好。

你否认爱是人的自我欺骗，你说即使是梦也是好的，那我们就一起来做梦吧。我们生活在梦中，让生活变得像梦那么美，那么变幻无穷。但是我仍要让你想一下，并且回答我：这梦真能做一辈子吗？它会不会醒？醒来又怎么办？我们凭什么比其他和我们一样的人幸福，能一辈子生活在这美好的诗一般的梦里呢？我不是跟你说着玩，我是真不知道我们凭什么，而且对于将来的变化不敢想象。

（十）

银河，你好！

看了你的信。我来回答你的问题吧！

真的，也许梦是做不了一辈子，那就让它成为真的好了！我和你就要努力进取，永不休止。对事业是这样，对美也是这样。有限的一切都不能让人满足，向无限进军中才能让人满足。无限不可能枯燥啊，好银河。永远会有新东西在我们面前出现的。哥伦布发现了新大陆，哥白尼发现了新宇宙，这是一条光荣的荆棘路。

美也是无穷的，可怜的就是人的生命、人的活力是有穷的。可惜我看不到无穷的一切。但是我知道它存在，我向往它。我会老也会死，势必有一天我也会衰老得无力进取的。可是我不怕。在什么事物消失之前，我们先要让它存在啊。我记得有这么一支歌："在门前清泉旁边，有一棵菩提树，在它的树荫下面，我做过甜蜜的梦……在它的树荫下面，我做过甜蜜的梦，无论是欢乐和悲伤，我总到那里去。"我愿做你的菩提树，你也来做我的吧。

别怕美好的一切消失，咱们先来让它存在。还有一个美好的东西不会消失，就是菩提树。真希望你是我的菩提树，我愿做你的菩提树。你知道歌里是怎么唱吗？"如今我远离故乡，已经有许多年，我仍然听到呼唤，到这里寻找安谧。"灵魂是活生生的，它的安慰才能使人满足。

还有凭什么：凭着满心的热望，凭着活力。我不是说着玩的。

小波，好朋友，你好。

……

自从我认识了你，我觉得所有的人都黯然失色，再也没有谁比你更好了，我的菩提树！……“无论是欢乐和悲伤，我总到那里去。”是呵，我的心总向往你，特别是在悲伤的时候。你的信太让我感动了。真的永远有新东西在前面吗？我说过了，我的活力不够，这一点从第一天见到你时我就看出来了：你的生命的活力在吸引我，我不由自主地要到你那里去，因为你那里有生活，有创造，有不竭的火，有不尽的源泉。我们一起请求上帝，愿它永远不要枯竭吧！

……

我非常非常地想你，特别是在紧张工作的间歇。我觉得这世界上好像除了你和工作，什么都不存在了。你也这样想我吗？

(十一)

银河，你好！

你真好，给我写了那么多信，这多好哇！

冬天真可恨，把咱们弄得流离失所。让它快点过去吧！该死的天，还下起雪来了。冬天太可恨了。

春天来了就好了。春天来了咱们一起去玩去。记得老歌德的五月之歌吗？爱情，爱情，灿烂如云……咱们约好了吧，春天一起去玩。我不太喜欢山，我喜欢广阔的田野、树林和河。咱们一定去吧。

你说我太爱说，真的，我很有一点惭愧，我真是废话太多。不过我太爱你，我能不说吗？真的，我除了乱扯一通什么也不会，只好傻说了。我应当会写诗，写好多美丽的诗给你，可是我这笨蛋，我就不会把话说得响亮。我要是会了这个，再加上会把话说得精练，我就会写诗了。不管我本人多么平庸，我总觉得对你的爱很美。

我真喜欢你的一举一动，多愁善感也喜欢。我总觉得你的心灵里有一种稚气得让人疼爱的模样，我这么说你不生气吧？不过我不怕你生气，我也不和你见外。不管你怎么想我都这么说。我也不老成，疯起来我也和傻小子一样。只要你别趁我疯起来欺负我就成了。

你说我上学苦，真的，真苦。什么时候我们可以自由自在地爱就好了。我不爱让人知道我是怎么想的，不过我永远不怕对任何人承认我爱你。爱呀，写呀，自由自在，可以自由自在地在一起。然后就是让我再和你分开，你到红墙后面，我去上学，咱们各做各的苦工，互相思念。一年有这么一个月就好！

（十二）

银河，你好！

我越来越觉得冬天简直是我们的活灾星。你都不知道我多么希望你明天来看我。可是天多冷啊！路多难走哇！你怎么能来呢？千万不要来。

静下来想你，觉得一切都美好得不可思议。以前我不知道爱情这么美好。爱到深处这么美好。真不想让任何人来管我们。谁也管不着，和谁都无关。告诉你，一想到你，我这张丑脸上就泛起微笑。还有在我安静的时候，你就从我内心深处浮现，就好像阿芙罗蒂从浪花里浮现一样。你别笑，这个比喻太陈腐了，可是你也知道了吧？亲爱的，你在这里呢。

你瞧，你从我内心深处经常出现，给我带来幸福，还有什么离间得了我们？咱们可不会变成火炉边的两个傻瓜。别人也许会诧异咱们的幸福和他们的不一样，可那与我们有何相干？他们的我们不要，我们的他们也不知道。

你要我多给你写，可是我写的总不如你好。上气不接下气的。不过上气不接下气的也不要紧，是给你的，是要你知道这颗心怎么跳。难道我还不能信赖你吗？难道对你还要像对社会一样藏起缺点抖擞精神吗？人对自己有时恍惚一点，大大咧咧，自己喜欢自己随便一点。你也对我随便好了。主要是信赖啊！将来啊，我们要是兴致都高涨就一起出去疯跑，你兴致不高就来吧：哭也好，说也好，懒也好，我都喜欢你。有时候我也会没精打采，那时候不许你欺负我！不过我反正不怕你笑话。

小波

附录二　王小波年谱简编

1952 年　出生

5 月 13 日，王小波出生于北京一个干部家庭。此时正值“三反”运动期间，家庭境况突发变故，这一突变对王小波的人生产生极大影响。他的名字“小波”就是这一事件的记录。

父亲王方名原籍四川省渠县，逻辑学家，中国人民大学教授。1935 年参加中国共产党领导下的学生运动，不久赴延安，转战至山东。50 年代初任国家教育部干部。1952 年被错划为“阶级异己分子”，1979 年平反恢复党籍。母亲宋华为国家教育部干部，原籍山东省牟平县。

王小波在全家五个孩子中排行老四，在男孩中排行老二。他的许多小说中主人公取名“王二”，或许并非偶然。大姐王小芹，二姐王征，兄王小平，弟王晨光。

1957 年　五岁

父亲就逻辑学发表的系列文章引起较大反响。4 月 11 日与周谷城等人一起受到毛泽东的接见。这件事对王小波的家庭状况、成长环境有一定影响。

1958 年　六岁

“大跃进”运动给王小波留下了深刻印象，这可以从他的一些杂文和小说中看到。

1959 年　七岁

9 月入北京市二龙路小学读书。

1964 年　十二岁

小学五年级时一篇作文被选作范文，在学校中广播。王小波对于小学语文老师对他写作能力的欣赏印象颇深，这位老师可以说是他写作生涯中的第一位“伯乐”。

1965 年　十三岁

9 月入北京市二龙路中学读书。

1966 年　十四岁

上初一时“文化大革命”开始，作家对这一运动的印象可以在《似水流年》等小说中看到。

1968 年　十六岁

在云南兵团劳动，并开始尝试写作。这段经历成为《黄金时代》的写作背景，也是处女作《地久天长》的灵感来源。

1971 年　十九岁

在母亲老家山东省牟平县青虎山插队，后做民办教师。一些早期作品如《战福》等就是以这段生活经历为背景写作的。

1973 年　二十一岁

在北京牛街教学仪器厂做工人。后在北京西城区半导体厂做工人。工人生活是《革命时期的爱情》等小说的写作背景。

1977 年　二十五岁

与在《光明日报》做编辑的李银河相识并恋爱。当时在王小波朋友圈中传阅的小说手稿《绿毛水怪》是二人相识的契机。

1978 年　二十六岁

参加高考，考取中国人民大学，就读于贸易经济系商品学专业。大学期间在《读书》杂志发表关于《老人与海》的书评。

1980 年　二十八岁

1 月 21 日与李银河结婚。同年在《丑小鸭》杂志发表处女作《地久天长》。

1982 年　三十岁

大学毕业后，在中国人民大学一分校教书。教师生活是《三十而立》等小说的写作背景。开始写作历经十年才完成面世的成名作《黄金时代》。

1984 年　三十二岁

赴妻子就读的美国匹兹堡大学，在东亚研究中心做研究生。1986 年获硕士学位。开始写作以唐传奇为蓝本的仿古小说，继续修改《黄金时代》。其间得到他深为敬佩的老师许倬云的指点。在美留学期间，与妻子李银河驱车万里，游历了美国各地，并利用 1986 年暑假游历了西欧诸国，这段经历在一些杂文和小说中可以看到。留学期间，父亲去世。

1988 年　三十六岁

与妻子一道回国，任北京大学社会学所讲师。

1989 年　三十七岁

9 月出版第一部小说集《唐人秘传故事》，山东文艺出版社出版，原拟名《唐人故事》，"秘传"二字为编辑擅自添加，未征得作者同意。小说集包括五篇小说：《立新街甲一号与昆仑奴》、《红线盗盒》、《红拂夜奔》、《夜行记》、《舅舅情人》。

1991 年　三十九岁

任中国人民大学会计系讲师。

小说《黄金时代》获第 13 届《联合报》文学奖中篇小说大奖，小说在《联合报》副刊连载，并在台湾出版发行。获奖感言《工作・使命・信心》发表于《联合报》1991 年 9 月 16 日第 24 版。这次获奖对王小波的写作事业起了鼓励作用。

10 月 5 日，《人民日报》海外版第 4 版报道了《黄金时代》获奖的消息。

1992 年　四十岁

1 月，与李银河合著的《他们的世界——中国男同性恋群落透视》

由香港天地图书公司出版。

3 月，《王二风流史》由香港繁荣出版社出版。收入三篇小说：《黄金时代》、《三十而立》、《似水流年》。

8 月，《黄金年代》（由于编辑的疏忽，“时代”一词误印为“年代”）由台湾联经出版事业公司出版。

9 月，正式辞去教职，做自由撰稿人。此时至去世的近五年间，写作了他一生最主要的著作。

11 月，与李银河合著的《他们的世界——中国男同性恋群落透视》由山西人民出版社出版。

12 月，应导演张元之约，开始写作同性恋题材的电影剧本《东宫·西宫》。

1993 年　四十一岁

写作完成并曾计划将《红拂夜奔》、《寻找无双》和《革命时期的爱情》合编成《怀疑三部曲》，寻找出版机会。

1994 年　四十二岁

7 月，《黄金时代》由华夏出版社出版。收入五篇小说：《黄金时代》、《三十而立》、《似水流年》、《革命时期的爱情》、《我的阴阳两界》。

9 月，王小波作品《黄金时代》研讨会在华夏出版社召开，著名文学评论家及记者近二十人与会。

1995 年　四十三岁

5 月，小说《未来世界》获第 16 届《联合报》文学奖中篇小说大奖。

7 月，《未来世界》由台湾联经出版事业公司出版。

1996 年　四十四岁

10 月，妻子赴英国剑桥大学做访问学者。

11 月，杂文集《思维的乐趣》由北岳文艺出版社出版。

1997 年　四十五岁

4 月 11 日，因心脏病突发辞世。

4 月，妻子李银河发表悼文《浪漫骑士 · 行吟诗人 · 自由思想者——悼小波》。

4 月，与张元合著的电影剧本《东宫 · 西宫》在阿根廷国际电影节上获得最佳编剧奖。同年，电影《东宫 · 西宫》入围戛纳电影节。

4 月 26 日，王小波遗体告别仪式在北京八宝山公墓举行。

5 月，《黄金时代》、《白银时代》、《青铜时代》由花城出版社出版，5 月 13 日首发式于北京中国现代文学馆举行。

5 月，杂文集《我的精神家园》由文化艺术出版社出版。

10 月，《沉默的大多数——王小波杂文随笔全编》由中国青年出版社出版。

10 月，《沉默的大多数》由香港明镜出版社出版。

1998 年

2 月，《地久天长——王小波小说剧本集》、《黑铁时代——王小波早期作品及未竟稿集》由时代文艺出版社出版。

1999 年

2 月，《黄金时代》（上、下）、《白银时代》、《青铜时代》（上、中、下）由台湾风云时代出版公司出版。

4 月，《王小波文存》由中国青年出版社出版。

9 月，《王小波文集》（四卷）由中国青年出版社出版。